Nicoline L. Refsing

Designer med speciale i rum
Vejrøgade 9, 1. tv. 2100 Ø
Tlf. 3929 3001 · 2370 9525
nicoline@design.dk

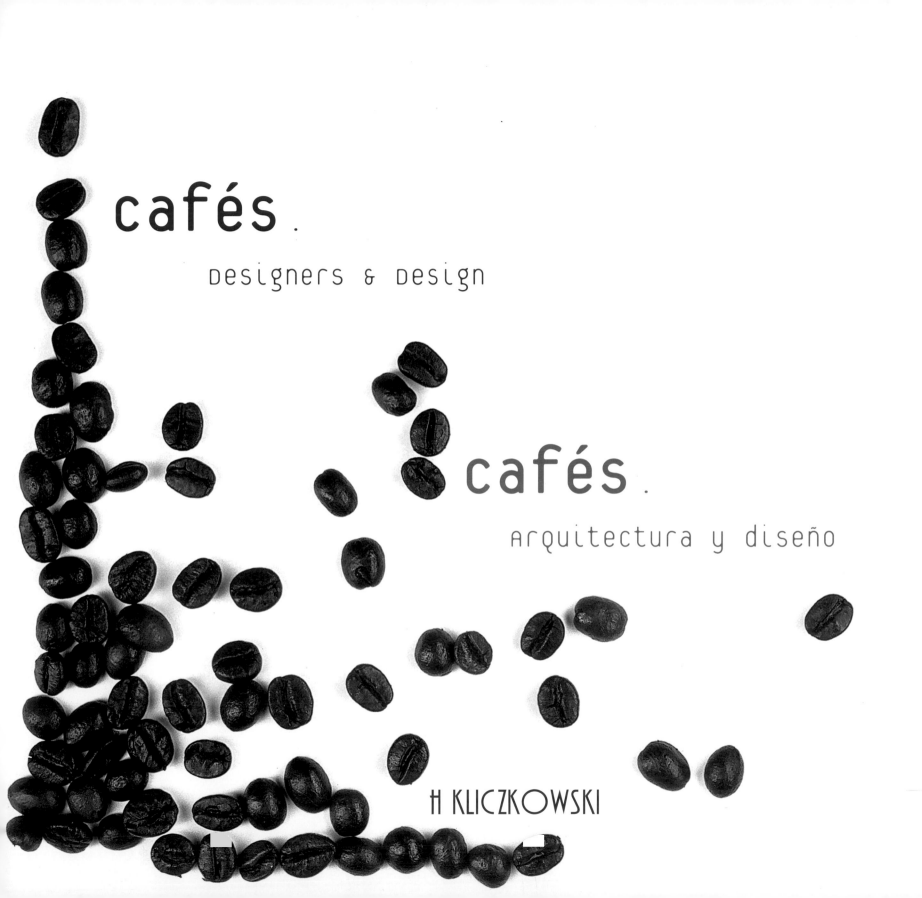

cafés.

designers & design

cafés.

arquitectura y diseño

H KLICZKOWSKI

Editorial coordination and text/
Coordinación editorial y textos:
Cristina Montes

Research/Documentación:
Marta Casado

Graphic design/Diseño gráfico:
Mireia Casanovas Soley

Layout/Compaginación:
Emma Termes Parera

Translation/Traducción:
William Bain

Copyediting/Corrección y edición:
Susana González Torras

Fotografías/Photographs pp. 1, 2, 3, 10-11, 12-13:
Pepe Ruz Soto

Propiedad de los derechos mundiales/World rights owned by

© H Kliczkowski, Asppan S.L.
Fundición, 15
Polígono Industrial Santa Ana
28529 Rivas Vaciamadrid
Madrid
Tel. 34 91 666 50 01
Fax 34 91 301 26 83
asppan@asppan.com
www.onlybook.com

ISBN: 84-89439-69-9

D.L: B-47366-01

Editorial project/Proyecto editorial

LOFT Publications
Domènec 9, 2-2
08012 Barcelona. Spain
Tel.: +34 932 183 099
Fax: +34 932 370 060
loft@loftpublications.com
www.loftpublications.com

Impreso en/Printed by
Gràfiques Anmann. Sabadell, Barcelona, España

Printed in Spain

Diciembre 2001/December 2001

Dedicated to the Right Reverend Mosignor Stanislaw Kliczkowski
dr. ing. Anna Kliczkowska and Evelyn Kliczkowska of the Pilawa family, Kliczków Castle (1500)

GRH & HAK

Dedicado a mgr Stanislaw Kliczkowski
dr. ing. Anna Kliczkowska y Evelyn Kliczkowska pertenecientes a la familia Pilawa, castillo Kliczków (1500)

GRK y HAK

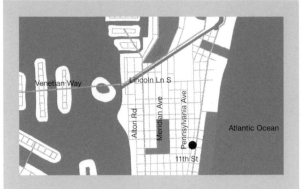

Adress Dirección: 1200 Collins Avenue, Miami Beach, US

Phone Teléfono: 1 305 673 8373

Interior designer Interiorista: Barbara Hulanicky

16 Marlin

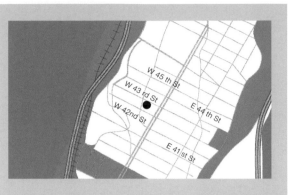

Adress Dirección: 4 Times Square/42nd Street, Broadway, New York, US

Phone Teléfono: 1 212 691 4468

Architect Arquitecto: Frank O. Gehry

24 condé Nast

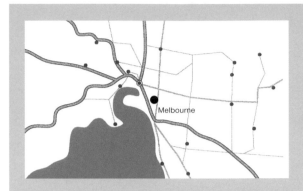

Adress Dirección: 171 Toorak Road, South Yarra Melbourne, Australia

Phone Teléfono: 03 98 27 7833

Interior designer Interiorista: Wayne Finschi

32 Lotus

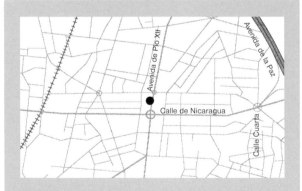

Adress Dirección: Príncipe de Vergara, 278, Madrid, Spain

Phone Teléfono: 34 913 457 425

Architect Arquitecto: Mariano Martín

38 Los zuritos

Adress Dirección: 1 Burggarten Park, Vienna, Austria

Phone Teléfono: 43 1 533 1033

Architects Arquitectos: Eichinger oder Knechtl

42 palmenhaus café

Adress Dirección: Laudongasse 36/Daungasse 1, Viena, Austria

Phone Teléfono: 43 1 403 8324

Architects Arquitectos: Werner Larch & Claudia König

50 Dennstedt

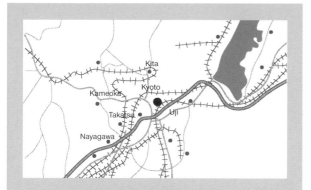

Adress Dirección: **Morikawa Building, Kitakurumayacho,**

Nakagyo-ku, Kioto, Japan

Phone Teléfono: **81 75 255 4312**

Architect Arquitecto: **Wakabayashi Hiroyuki**

56 café
indépendants

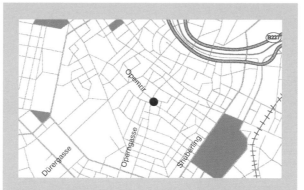

Adress Dirección: **Park von Schönbrunn, A-1130,**

Vienna, Austria

Phone Teléfono: **43 1 879 1311**

Architect Arquitecto: **Franziska Ullmann**

62 Gloriette

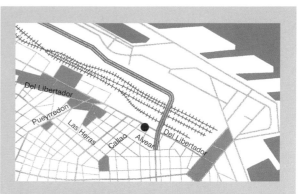

Adress Dirección: **Shopping Patio Bullrich,**

Av. Libertador y Callao, 2° nivel,

local 2029, Buenos Aires, Argentina

Phone Teléfono: **54 11 4814 7539**

Architects Arquitectos: **Estudio Aizersztein Arquitectos**

68 The
coffee store

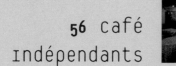

Adress Dirección: **Shopping Alto Palermo,**

Santa Fe y Coronel Díaz, 1° nivel,

local 245, Buenos Aires, Argentina

Phone Teléfono: **54 11 4777 8245**

Architects Arquitectos: **Estudio Aizersztein Arquitectos**

70 The
coffee store

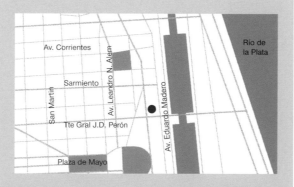

Adress Dirección: **Av. Alicia M. de Justo, 292, Dock 5,**

Puerto Madero, Buenos Aires, Argentina

Phone Teléfono: **54 11 4311 1142**

Architects Arquitectos: **Estudio Aizersztein Arquitectos**

72 The
coffee store

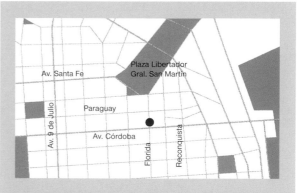

Adress Dirección: **Av. Paraná 3745,**

Buenos Aires, Argentina

Phone Teléfono: **54 11 4836 1371**

Architect Arquitecto: **Estudio Aizersztein Arquitectos**

74 The
coffee store

Adress Dirección: **Junín 833, Buenos Aires, Argentina**

Phone Teléfono: **54 11 4664 9582**

Architects Arquitectos: **Estudio Aizersztein Arquitectos**

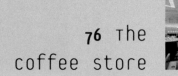

76 The
coffee store

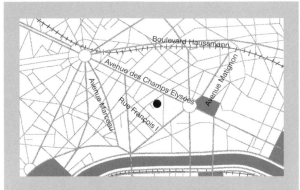

Adress Dirección: **35 rue Marbeul, Paris, France**

Phone Teléfono: **33 1 47 30 19 95**

Architect Arquitecto: **Miguel Cancio Martins (MCM)**

78 Man Ray

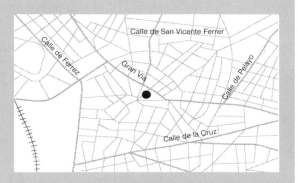

Adress Dirección: **Silva, 4, Madrid, Spain**

Phone Teléfono: **34 915 479 394**

Interior designer Interiorista: **Tomás Alía**

84 Larios café

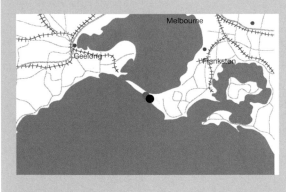

Adress Dirección: **2 St. Aubins Way, Melbourne, Australia**

Phone Teléfono: **61 3 9326 9616**

Architects Arquitectos: **Six Degrees Pty Ltd.**

88 pelican

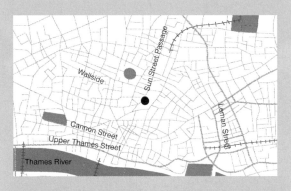

Adress Dirección: **Tower 42, 25 Old Broad Street,
London, UK**

Phone Teléfono: **44 207 877 7845**

Architects Arquitectos: **Fletcher Priest Architects**

94 café zero

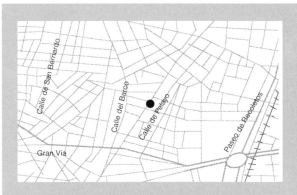

Adress Dirección: **Hortaleza, 74, Madrid, Spain**

Phone Teléfono: **34 915 320 771**

Interior designer Interiorista: **Tomás Alía**

100 La sastrería

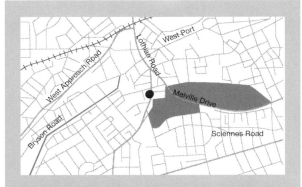

Adress Dirección: 30 Leven Street, Edinburgh, UK

Phone Teléfono: 44 131 221 8000

Architects Arquitectos: Graven Images Ltd.

106 favorit

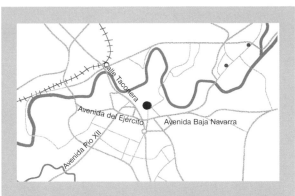

Adress Dirección: Paulino Caballero, 52, bajos,

Pamplona, Spain

Phone Teléfono: 34 948 245 953

Architect Arquitecto: Javier Alfaro Bernal

110 sitio

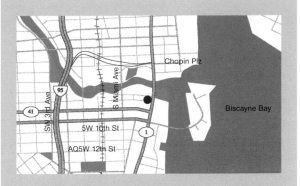

Adress Dirección: 500 Brickell Key Drive, Miami, US

Phone Teléfono: 1 305 913 8251

Architect Arquitecto: Tony Chi

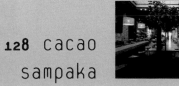

114 sambal café

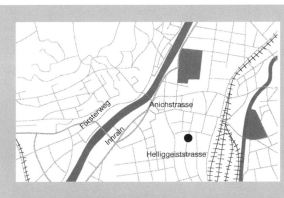

Adress Dirección: Greilstrasse 17, Innsbruck, Austria

Phone Teléfono: 43 512 570 473

Architects Arquitectos: Dietrich|Untertrifaller Architekten

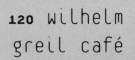

120 wilhelm greil café

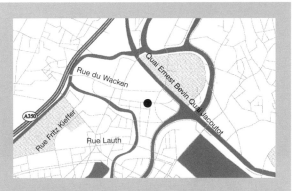

Adress Dirección: Alle du Printemps, BP 10247F

Strasbourg, France

Phone Teléfono: 33 388 17 40 01

Architects Arquitectos: Architecture Studio

124 cafetería del parlamento europeo

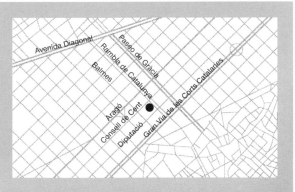

Adress Dirección: Consell de Cent, 292, Barcelona, Spain

Phone Teléfono: 34 932 720 833

Decorator Decorador: Antoni Arola (Estudi Arola)

128 cacao sampaka

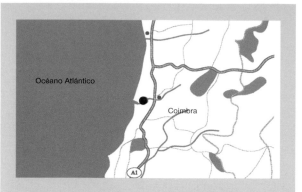

Adress Dirección: Montemor-o-Velho, Portugal

Architect Arquitecto: João Mendes Ribeiro

134 casa de té paço das infantas

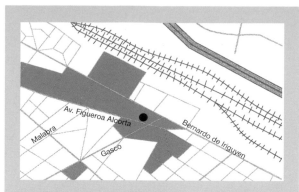

Adress Dirección: Av. Figueroa Alcort 220/70 Bs As, Buenos Aires, Argentina

Phone Teléfono: 54 11 4809 0122

Architect Arquitecto: Jorge Peralta Urquiza

142 cafetería del museo de Bellas Artes

Adress Dirección: Via Carducci, Follonica, Italy

Phone Teléfono: 39 05 66 26 36 39

Architect Arquitecto: Antonello Boschi

146 L'Arca

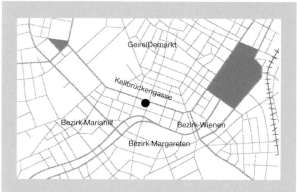

Adress Dirección: Naschmarkt Deli, Vienna, Austria

Phone Teléfono: 43 1 585 0823

Architects Arquitectos: Dietrich|Untertrifaller Architekten

152 naschmarkt Deli

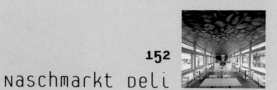

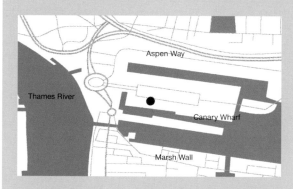

Adress Dirección: 10 Cabbot Square, London, UK

Phone Teléfono: 44 207 715 9515

Architects Arquitectos: Stiff & Trevillion Architects

158 Yellow River Café

Adress Dirección: Kapelvej 1, Copenhaguen, Denmark

Phone Teléfono: 45 3524 1100

Architect Arquitecto: Finn Andersen

164 Barstarten

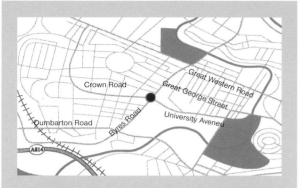

Adress Dirección: **189 Byres Road, Glasgow, UK**

Phone Teléfono: **44 41 339 3108**

Architect Arquitecto: **Ross Graven**

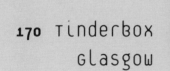

170 tinderbox
glasgow

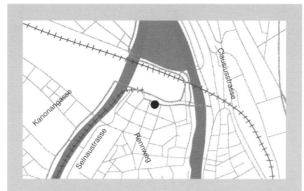

Adress Dirección: **Münstergrasse, 17-19, Zurich,**
Switzerland

Phone Teléfono: **41 1 261 1380**

Architect Arquitecto: **Stefan Zwicky**

176 schwarzenbach

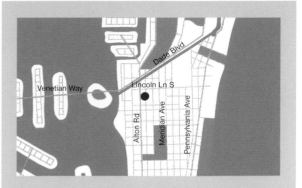

Adress Dirección: **1022 Licoln Road, Miami Beach, US**

Phone Teléfono: **1 305 534 9191**

Interior designers Interioristas: **Sedley Place Designers**

182 balanz café

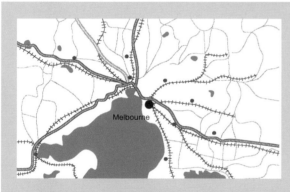

Adress Dirección: **313 Flinders, Melbourne, Australia**

Phone Teléfono: **03 96 20 3999**

Architect Arquitecto: **Grant Amon**

188 salon rouge

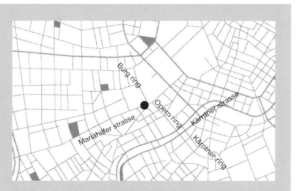

Adress Dirección: **Mariahilfer strasse 27, Vienna, Austria**

Phone Teléfono: **43 1 205 06**

Architect Arquitecto: **René Chavanne**

196 BIGNET

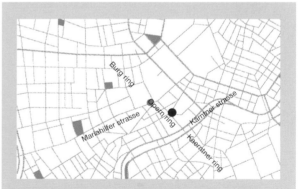

Adress Dirección: **Kaerntsrasse 61, Vienna, Austria**

Phone Teléfono: **43 1 503 98 44**

Architect Arquitecto: **René Chavanne**

204 BIGNET

INTRODUCTION

The establishments dedicated to coffee drinking and appreciation have evolved considerably during history. This type of locale has undergone a transformation to the extent that everything is now permitted, at least in terms of architectural ideation and decorative solutions. Limits no longer exist and what regulates fashion today is eclecticism and a mestizo style.

Cafeterias, or, as they were originally called, coffeehouses, made their appearance when the beverage itself began to become popular. Thus, their birth goes back some centuries. In fact, it is said that the first coffeehouse was opened in Mecca in the fifteenth century and in Europe only slightly later. In Oxford, England, a coffeehouse was inaugurated in 1650 and, in Venice, the first establishment of this type dates back to 1683. From that moment, an expansion began that has come down to our own times and that seems to have no end. Many of these establishments came out of the meeting places where intellectuals, artists, thinkers, or writers debated and made known their knowledge, ideas, and philosophies while enjoying a good cup of tea or coffee. Moreover, the denomination they acquired in some countries shows this: in Turkey, for example, they were known as the "school of the wise," and in England they were termed for a time "Penny Universities."

Currently, although many cafés keep up this original spirit, their conception has varied notably. Although it is certain that they are still meeting centers, it is also true that they operate as places of fun and entertainment, meeting places of a different ilk. Their transformation has been great, and today's cafés don't have much in common with those which, in the seventeenth century, invaded the most important cities of the world.

The new way of understanding this type of business explains that one of the features common to many of the establishments that appear in this book is the fact that the new coffeehouse is a multifunctional space where different activities can be developed. It is not only a question of imbibing the famous beverage that gave them their name. Cafés: Designers and Design contains a careful selection of places that present the idea of what the new café is: cafeterias whose design oscillates between the old traditions and the most avant-gardist and contemporary outlooks.

These are the best representation between today's innovation and tomorrow's classicism. At the same time, the establishments in this book do not operate as prototypes of what a café has to be. From these pages, all that is desired is to show some work by architects of international renown and the ways in which they have put their ingenuity and passion into the design of these locales. They are included because they assume the features of a given age and also of their clients.

It is possible that these establishments are not the best. Certainly, they are not the only ones and doubtlessly some places that should be included have been left out, something which, frankly, we regret. But they are, those that are included, good examples of what a café of today is. And they are spaces that, for different reasons, are recommendable. Conventional, some; myth demolishing others; unique, the majority... They make up part of a selection that shows the decoration, the setting, the architectural codes, the history... The life, definitively, that fills each one of these cafés.

The result becomes a perfect companion for those who wish to visit these magnificent establishments scattered all over the world in different cities. They are there to be discovered, and any excuse is a good one to get to know them and enjoy them.

INTRODUCCIÓN

Los establecimientos dedicados al consumo de café han evolucionado considerablemente a lo largo de la historia. Este tipo de locales ha experimentado una transformación tal que actualmente todo está permitido, al menos, en cuanto concepción arquitectónica y soluciones decorativas se refiere; los límites ya no existen, y lo que rige la moda hoy es el eclecticismo y el mestizaje de estilos.

Las cafeterías, o los llamados en sus orígenes salones de café, hacen su aparición cuando la bebida empieza a popularizarse, así que su nacimiento se remonta a algunos siglos atrás. De hecho, se dice que la primera casa de café se abrió en La Meca en el siglo XV, y a Europa estos salones llegaron un poco más tarde. En Oxford se inauguró una casa de café en 1650 y en Venecia, el primer establecimiento de este tipo data de 1683; a partir de ese momento empieza una expansión que ha llegado hasta nuestros días y que parece no tener fin. Muchos de estos locales surgieron como centros de reunión donde intelectuales, artistas, pensadores o escritores debatían y ponían en común conocimientos, ideas y filosofías mientras degustaban una buena taza de café. Es más, la denominación que adquirieron en algunos países así lo demuestra: en Turquía, por ejemplo, se los conocía como "escuelas de sabios", y en Inglaterra se llamaron durante una época "universidades del penique".

Actualmente aunque muchos cafés mantienen ese espíritu original, su concepción ha variado de forma notable. Aunque es cierto que continúan siendo centros de reunión, también lo es que funcionan como lugares de diversión y de ocio, puntos de encuentro... Su transformación ha sido enorme y los cafés de hoy no se parecen demasiado a los que en siglo XVII invadían las ciudades más importantes del mundo.

La nueva manera de entender este tipo de comercios explica que una de las características comunes a muchos de los establecimientos que aparecen en este libro sea que se trate de espacios multifuncionales en los que pueden desarrollarse diferentes actividades, no sólo la de consumir la famosa bebida que les da nombre. CAFÉS. ARQUITECTURA Y DISEÑO presenta una cuidada selección de establecimientos que materializan la idea de lo que son las nuevas casas de café. Cafeterías cuyo diseño se debate entre las tradiciones de siempre y los recursos más vanguardistas y actuales.

Son la mejor representación entre la innovación de hoy y el clasicismo de mañana. Sin embargo, no actúan como prototipo de lo que ha de ser un café. Desde estas páginas sólo se pretende mostrar algunos trabajos de arquitectos de renombre internacional que han puesto todo su ingenio y pasión en el diseño de sus locales. Se incluyen porque asumen las particularidades de una época y también de sus clientes.

Es posible que no sean los mejores, sin duda no son los únicos y seguramente faltan algunos que deberían estar, mil perdones. Pero son, los que se incluyen, buenos ejemplos de lo que es un café hoy en día y espacios que, por diversos motivos, pueden ser recomendados. Convencionales algunos, rompedores otros, singulares la mayoría... forman parte de una selección que muestra la decoración, el ambiente, las claves arquitectónicas, la historia... la vida, en definitiva, que gira en torno a cada uno de estos cafés.

El resultado se convierte en el compañero perfecto para aquellos que deseen visitar estos magníficos establecimientos repartidos por todo el mundo ubicados en enclaves urbanos. Están ahí para ser descubiertos, cualquier excusa es buena para conocerlos y disfrutarlos. La elección depende de cada uno.

A BRIEF HISTORY OF COFFEE...

Black, ardent, bitter, aromatic... that is coffee, a beverage which has become rather an essential part of our customs and diet.

Like what has happened with other exotic products, the history of coffee doesn't escape having a certain mysterious halo and a legend.

Many stories are told, some more credible than others, on the origin and the qualities of coffee, and all of them speak of and give off the aroma of faraway and strange places.

The most popular and extended legend is probably that of a Yemeni goatherd who, one night, noted a strange state of excitement in his herd when it should have been grazing placidly. The cause of the commotion was some small berry-like red fruit growing on a bush nearby. Kaldi, the goatherd, decided to try this strange fruit and quickly saw how his energy was renewed.

The event was reported with celerity, and came to be retold at a nearby madrassa (Koranic school) whose imam had been seeking, vainly until that moment, a way of keeping his pupils awake during their lessons. The imam hopefully tried the exotic seeds and the results were excellent: no sleepiness and alert faculties.

Another of the stories has as protagonist Gabriel Mathieu de Clieu, a French naval officer stationed in Martinique who, in 1723, on liberty in Paris, managed to get a few coffee trees to take to the island. During the return crossing, some of the seedlings actually survived the terrible gale, the attack by pirates, the scant supply of fresh water, and even the maliciousness of an enemy of de Clieu... Finally, they arrived safe and sound in Martinique and were planted in Prechear. Years later, in 1726, the first harvest was collected.

In the eighth century also, so another, Arabic, legend goes, a sheik called Ali Ben Omar El Shadhilli, exiled from his lands for bad conduct, discovered the woodland seeds of coffee. Tired of eating these raw, he boiled them and drank the resulting liquor. This changed his way of eating, but it also discovered to him the curative properties of the seeds, which made various sick people well, thanks to which the exile was pardoned and allowed to return to his lands. And we must not, of course,

BREVE HISTORIA DEL CAFÉ

Negro, ardiente, amargo, aromático... así es el café. Una bebida que se ha convertido en parte esencial de nuestras costumbres y alimentación.

Al igual que sucede con otros productos exóticos, la historia del café no se salva de estar envuelta de cierto halo de misterio y leyenda.

Se cuentan múltiples historias, unas más creíbles que otras, acerca del origen y cualidades del café, y todas hablan y desprenden el aroma de lugares lejanos e insólitos.

La leyenda más popular y extendida probablemente sea la de un pastor de cabras de Yemen que una noche notó un extraño estado de excitación en su rebaño, cuando debía estar paciendo plácidamente. La causa de tal alboroto no era otra que unas pequeñas bayas de color rojizo que crecían en un arbusto cerca de donde se hallaban. Kaldi, el pastor, decidió entonces probar ese extraño grano y así comprobó cómo sus energías se renovaban rápidamente.

El suceso se extendió con celeridad y llego a un cercano monasterio cuyo imán buscaba, sin haberlo conseguido hasta el momento, la forma de mantener despiertos a los monjes durante las oraciones nocturnas. El imán probó esperanzado las exóticas bayas y los resultados fueron excelentes: nada de sueño y facultades intactas.

Otra de las historias tiene como protagonista a Gabriel Mathieu de Clieu, un oficial de la marina francés destinado en Martinica que, en 1723, durante un permiso a París, logró hacerse con unos cuantos cafetos y llevárselos a la isla. Durante la travesía de regreso aquellos ejemplares sobrevivieron a una tremenda tempestad, al ataque de piratas, a la escasez de agua potable e incluso a las malicias de un enemigo del propio oficial... Finalmente, llegaron sanos y salvos a Martinica y fueron plantados en Prechear. Años después, en 1626, se recolectó la primera cosecha.

Otra leyenda árabe de mediados del siglo XIII relata que un jeque llamado Ali Ben Omar El Shadhilli, exiliado de sus tierras por mala conducta, descubrió las bayas silvestres de café. Harto de comer aquellos frutos crudos los hirvió y bebió el líquido obtenido. Así consiguió un cambio en su alimentación, pero también le hizo descubrir su propiedades curativas, puesto que logró sanar a varios enfermos y gracias a ello fue perdonado

forget that the first mentions of coffee in the Arabic world refer to it as a medicine.

Far from legends, history tells us that some African tribes knew of coffee from remotest times. They ground the seeds and even produced a paste which served as animal feed and was also ingested by warriors to increase their bravery before combat. Many of these men were captured as slaves and taken to the Arabian Peninsula, which gave rise to the Arab slavers' knowledge of the strange food. In spite of the fact that the coffee tree originated in Ethiopia, a zone where still today it grows wild, it was in Yemen that it was first cultivated. It is said that coffee was already being grown in Yemen in the sixth century, but that not until the thirteenth century did its seeds begin to be roasted and the beverage that resembles what we now know as coffee begin to be drunk. What is indisputable is that in the fifteenth century coffee was cultivated already and had been fully developed in the country before it began its expansion throughout the world. The beverage was quickly popularized and the first coffeehouse opened in Mecca in the fifteenth century.

In fact, coffee occupied in Arabic culture the place of the prohibited alcohol, since it counted on Mohammed's benediction. Thus, the Arabs had a monopoly on coffee and refused to export a single grain that had not been toasted or cooked. The expansion of coffee is attributed to an Indian wanderer named Bada Budan, who on a journey to Mecca concealed some coffee seeds and planted them in southern India.

Coffee's fame arrived in the Old World of Europe in the seventeenth century at the hands of some Venetian traders, which completed the trilogy of hot beverages in Europe, chocolate, which had come from America in 1528, tea, discovered in 1610, and now coffee. At first the new drink was looked at askance by many. The Catholic leaders attempted to prohibit it, considering it a "drink of infidels." Finally, Pope Clement VII gave it his benediction and Europeans succumbed to the temptation of this aromatic and delicious beverage.

The first European cafés, unlike the luxurious Arabic coffeehouses, were commercialized by street vendors.

y pudo regresar de su exilio. Y es que no hay que olvidar que las primeras menciones del café en el mundo árabe se refieren a él como a una medicina.

Lejos de las leyendas, la historia cuenta que las tribus africanas conocían el café desde tiempos remotos, que molían sus granos y que incluso producían una pasta que servía de alimento a los animales y también era consumida por los guerreros para aumentar su valor antes de cualquier combate. Muchos de estos hombres fueron capturados como esclavos y trasladados a la península Arábiga, lo que dio pie a que el extraño alimento que ingerían llegara a conocimiento de los árabes. A pesar de que el cafeto es originario de Etiopía, zona en la que aún hoy crece en estado silvestre, fue en Yemen donde se inició su cultivo. Se cuenta que el café ya se cultivaba en Yemen en el siglo VI, pero que no fue hasta el siglo XIII cuando empezaron a tostarse sus granos y a preparar con ellos algo parecido a la bebida que hoy denominanos café. Lo que sí es una realidad es que en el siglo XV su cultivo ya se había desarrollado plenamente en el país y desde allí inició su expansión por todo el mundo. La bebida se popularizó rápidamente y la primera casa de café se abrió en La Meca en el siglo XV.

De hecho, el café ocupó en la cultura árabe el lugar del prohibido alcohol, ya que contaba con la bendición de Mahoma. Así que los árabes se hicieron con el monopolio del café y se negaron a exportar ni un solo grano que no hubiera sido tostado o cocido. La expansión del café se atribuye a un peregrino indio llamado Bada Budán, quien en un viaje a La Meca escondió unas cuantas bayas de café y las plantó al sur de la India.

Su fama hizo que llegara al Viejo Continente en el siglo XVII de la mano de los comerciantes venecianos, lo que completó la trilogía de bebidas calientes en Europa junto al chocolate, que había llegado de América en 1528, y el té, conocido en 1610. En un principio la nueva bebida fue mirada con recelo por muchos. Los líderes católicos intentaron prohibirlo al considerarlo una "poción de infieles"; finalmente, el Papa Clemente VII le dio su bendición y los europeos sucumbieron a la tentación de este aromático y delicioso alimento.

Los primeros cafés europeos, a diferencia del lujo de las casas árabes de café, fueron comercializados por los vendedores en la calle.

Los comerciantes holandeses descubrieron el negocio y en 1699 ini-

The Dutch vendors discovered the business and in 1699 began coffee cultivation in the Dutch colonies in Indonesia, thus converting it into one of the main coffee suppliers of Europe. This was when the trade was extended to France and England. Conscious of the economic benefits they could obtain, the Dutch were the first to take this product to Central America and to South America. Coffeehouses were propagated throughout Europe and in the eighteenth century became centers of intellectual and ideological exchange.

The first references to the consumption of coffee in the New World date from 1668, and the coffeehouses quickly spread to New York, Boston, and Philadelphia.

Coffee had become a universal beverage, a drink that had begun to be taken in large quantities and was having its praises sung by important protagonists in history such as Bach, Napoleon, Beethoven, Voltaire, Balzac, and Rossini.

Today, coffee, the extraordinarily important item in the world of commerce and in the economy, is cultivated in more than 50 countries. Nevertheless, its climatic needs–warm temperatures but not intense heat or excesses of sun–make it thrive between the Tropics of Cancer and Capricorn. The coffee tree belongs to the genus Coffea, a member of the Rubiaceae family. This family includes more than 500 genera and 6,000 species, the majority of which are tropical trees and bushes.

There are two main varieties of coffee tree: Coffea arabica and Coffea robusta or canephora, a stronger plant indigenous to the Congo and whose seeds are cheaper than those of the arabica variety.

Some data that help to understand the importance of this legendary beverage are, by way of example, the fact that each day the world drinks more than 100 million cups of coffee, or that the coffee industry employs more than 20 million people.

ciaron su cultivo en las colonias holandesas de Indonesia, convirtiéndose así en los principales proveedores de café de Europa. Es el momento en que se extiende también hacia Francia e Inglaterra. Asimismo, conscientes de los beneficios económicos que podían obtener, los holandeses fueron los primeros en llevar este producto a Centroamérica y Sudamérica. Las casas de café se propagaron por toda Europa y en siglo XVIII se convirtieron en centros de intercambio ideológico e intelectual.

Las primeras referencias de consumo de café en el Nuevo Continente datan de 1668 y rápidamente las casas de café se propagaron por Nueva York, Boston y Filadelfia.

El café se había convertido en una bebida universal, una bebida que han consumido en grandes cantidades y han elogiado sin mesura importantes protagonistas de la historia como Bach, Napoleón, Beethoven, Voltaire, Balzac o Rossini.

Actualmente, el café, artículo de extraordinaria importancia en el mundo del comercio y la economía, se cultiva en más de 50 países. Sin embargo, las necesidades climáticas que precisa -temperatura cálidas pero no calor intenso ni excesivo sol- hacen que sea entre los trópicos de Cáncer y Capricornio donde mejor se cultiva. El cafeto pertenece al género Coffea, miembro de la familia de las rubiáceas. Esta familia incluye más de 500 géneros y 6.000 especies, la mayoría de las cuales son árboles y arbustos tropicales.

Existen dos variedades principales de plantas de café: la Coffea Arábiga, cuyo origen se encuentra en Etiopía, donde aún hoy crece en estado silvestre y de la que se dice que produce el mejor café del mundo y el único que se bebe sin mezclar con otras variedades. La otra es la Coffea Robusta o Canephora, una planta más fuerte indígena del Congo y cuyos granos son más baratos que los de la variedad Arábiga.

Algunos datos que ayudan a comprender la importancia de esta legendaria bebida son, por ejemplo, que cada día se consumen en todo el mundo más de 100 millones de tazas de café o que su industria emplea a más de 20 millones de trabajadores.

marlin

Barbara Hulanicky

Interior designer Interiorista: **Barbara Hulanicky** Photographer Fotógrafo: **Pep Escoda** Location Localización: **Miami US/Estados Unidos** Date of construction Fecha de construcción: 2000

The spectacular Futurist lines of the interior decoration in this establishment are not intuited from the outside of the building because the Marlin is the cafeteria-bar of a hotel of the same name. It is in a building that dates from 1939 and whose lines are ruled by the regulations that define the Art Deco style. A historic building, its rehabilitation and transformation has been achieved by arranging warm, functional spaces where the trends of the cutting edge of design come out of every corner. The Marlin Hotel is in one of the busiest neighborhoods of Miami, near the beach and surrounded by restaurants, nightclubs, and numerous businesses.

During the day, walking into the Marlin Café is walking into an oasis of calm amid the agitated cultural, commercial, and social setting of the building. At night, the space becomes one of those same nightclubs, one with lots of city life where it is possible to listen to good music in good company. It is not necessary to be well known to frequent it, but you might find yourself rubbing elbows at the narrow bar–though not too narrow to accommodate a crowd–with artists, models, or musicians, as is only normal since the place is a favorite spot of celebrities.

The Marlin Bar is more than famous. A pleasant service, hospitality, and good treatment has made it one of the most frequented places. If to this we add that the avant-gardist décor offers a comfortable, functional space to spend some time, it becomes one of the most visited places in the city of Miami.

The space is organized on different levels and the solutions have created interiors of great formal sobriety, flowing, dynamic, and continuous.

The decoration in these interiors, resolved with ingenuity and innovation, stands out by including colors that are the absence of color: only the blue upholstery of the chairs or the white of the curtains covering the large windows looking onto the street break the uniformity, softened by lightly constructed furnishings. In spite of the coldness of the stainless steel used in the furniture and in the walls (as well as many other ornamental elements) the ambience is clearly warm. It combines these materials with other textures and materials that are not so cold and are seen under an intimist soft lighting.

The Marlin Bar is an ultramodern place, industrial perhaps in appearance, but recommendable for a visit both day and night.

Las espectaculares líneas futuristas que dibujan los interiores de este local no se intuyen desde el exterior puesto que el Marlin es el café bar de un hotel del mismo nombre que se halla en un edificio de 1939 cuyos trazos se rigen por las directrices que definen el estilo *art déco*. Un edificio histórico cuya rehabilitación y transformación ha conseguido delimitar unos espacios acogedores y funcionales en los que las tendencias más actuales invaden todos los rincones. El establecimiento se encuentra ubicado en uno de los distritos más bulliciosos de Miami, cercano a la playa y rodeado de restaurantes, locales de vida nocturna y numerosos centros comerciales.

De día, traspasar las puertas del Marlin es entrar en un oasis de calma en medio del agitado entorno cultural, comercial y social que caracteriza la zona. De noche, el espacio se convierte en uno de los clubs nocturnos con más vida de la ciudad y en su interior se escucha buena música en agradable compañía. No hace falta ser un personaje conocido para frecuentarlo, pero encontrarse codo con codo en la estrecha barra –aunque suficientemente larga como para acomodar a una gran muchedumbre– con artistas, modelos o músicos es algo habitual. La barra del Marlin es más que famosa. Un servicio agradable, hospitalidad y buen trato la han convertido en una de las más concurridas. Si a esto se suma que sus interiores vanguardistas ofrecen un espacio cómodo y funcional en el que pasar buenos ratos, el resultado es un local de los más visitados.

El espacio se ha organizado en diferentes niveles y las soluciones empleadas consiguen unos interiores de gran sobriedad formal, fluidos, dinámicos y continuos. Resuelta con ingenio e innovación, la decoración interior destaca porque incluye una paleta cromática en la que la ausencia de color es el verdadero protagonista: sólo el azul del tapizado de los asientos o el blanco de las cortinas que cubren los grandes ventanales que dan al exterior rompen la uniformidad. A pesar de la frialdad del acero inoxidable que se emplea tanto en las piezas del mobiliario como en el revestimiento de las paredes y en muchos elementos decorativos, el ambiente que se respira es de suma calidez, puesto que combina este material con texturas y materiales menos fríos y con una iluminación intimista y suave.

The tables and chairs are distributed around the different sections. The space is organized in such a way that by day it has a relaxed informal ambience of cafeteria and by night makes it possible to organize other activities and thus become a nightclub, restaurant or music spot.

Las mesas y las sillas se reparten por los diferentes niveles del local. El espacio se ha organizado de manera que de día predomine un ambiente relajado e informal de cafetería y de noche permita organizar otras actividades como las propias de un club nocturno y restaurante, y ofrecer actuaciones musicales en directo.

Stainless steel is the material most employed in the decoration. The tables, for example, use steel, as do most of the chairs, the bar, the columns, and even some parts of the walls and ceiling.

El acero inoxidable es el material más empleado en la decoración del Marlin. De este material son, por ejemplo, las mesas, la estructura de la mayoría de los asientos, la barra, las columnas e incluso algunos tramos de pared y de techo.

condé Nast

Frank O. Gehry

Architect **Arquitecto: Frank O. Gehry** Photographer Fotógrafo: **Eduard Hueber** Location Localización: **New York, US/Nueva York, Estados Unidos** Date of construction Fecha de construcción: **1996-2000**

Located on the fourth floor of the offices of the Condé Nast Publishing Company in the center of New York, the Condé Nast cafeteria comprises one more example of the creative talent of architect Frank O. Gehry. The Condé Nast is another turn of the screw in the impossible traditional forms that have confirmed Gehry in his métier of architecture, and whose materials and shapes this particular project makes yield everything they have to yield.

Transparent walls in impossible glass shapes enclose the outline of the main area, making themselves powerfully felt as the viewer enters a space defined by containment and avant-gardist lines. This is the key to Gehry's success, an ornamental effect bringing about a privacy that keeps the space open visually and allows the viewer to see and be seen at the same time. Seating booths contained in the curvy distribution of the panels accommodate from four to six people. Each of the laminated glass panels is uniquely curved and occupies a given place in the building. The outer skin is made of blue titanium, an idea Gehry had used as the formal vocabulary for the Bilbao Guggenheim Museum, perforated to "breathe" and with acoustical insulation underneath.

The undulant lines are also repeated in the benches of the booths. The curvilinear backs add to the sensation of movement begun in the glass panels. Extra booths are on a raised dais included inside the curved glass panels of the main area. The service zone flanking this central space is functionally built off it and includes different entrances. The establishment also has four private dining rooms. On the same level as the public and service areas, the private rooms are totally independent and separated from the public space so that they may be used for meetings, presentations, and other private events requiring their multi-media equipment. Three of these four rooms have moveable partitions allowing them to link up into a larger space according to the needs of the event.

The cafeteria has a capacity for 260 people and was created to serve the publishers' employees at the breakfast, lunch and dinner hours. The whole has thus been designed to constantly take into consideration the type of activity to be catered to in each different room. This popular New York location can be summed up as an avant-gardist, functional space in the unmistakable style of today's most personal of architects.

Situada en la cuarta planta de las oficinas de la editorial Condé Nast Publishing, en el centro de Nueva York, la cafetería Condé Nast es una muestra más del talento creativo del arquitecto Frank O. Gehry; otra vuelta de tuerca a las tradicionales formas imposibles que han consagrado a este profesional en el oficio de la arquitectura, y que en este proyecto experimenta con materiales y formas hasta extraerles el máximo partido.

Paredes transparentes materializadas en cristal que se encargan de envolver y delimitar la zona principal llaman poderosamente la atención cuando se entra en este local definido por la contención y las líneas vanguardistas. Esa es la clave del éxito de Gehry, que logra con este recurso decorativo privacidad a la vez que mantiene visualmente abierto el espacio y las proporciones. Estas cabinas definidas con la distribución de los paneles permiten acomodar entre cuatro y seis personas. Cada uno de los paneles laminados de cristal presenta una forma curva única y están dispuestos a lo largo de las paredes del perímetro, que se ha revestido a su vez con paneles de titanio azul, una idea que el arquitecto ya empleó como vocabulario formal al proyectar el Museo Guggenheim de Bilbao.

Las líneas onduladas se repiten en el diseño de los asientos: las banquetas curvilíneas potencian la sensación de movimiento sugerido ya con las láminas de vidrio.

La zona de servicio, adyacente al espacio central, se ha organizado de manera funcional y dispone de varias entradas. El establecimiento cuenta, además, con cuatro comedores privados, totalmente independientes de manera que pueden utilizarse para celebrar reuniones, presentaciones y otros actos privados, ya que además están dotados de equipos multimedia. Tres de ellos disponen de particiones móviles que permiten articular y transformar las dimensiones del espacio.

El local posee una capacidad para unas 260 personas, además de prever el desayuno, el almuerzo e incluso la cena de los empleados, así que los espacios se han proyectado considerando en todo momento el tipo de actividad que puedan albergar.

The unique curvilinear forms organizing the cafeteria's main space outline an attractive play of perspectives. The curvy lines go right on into the design of the tables, with their stainless steel frames and wooden tops.

Las singulares formas curvilíneas que organizan el espacio central de la cafetería dibujan un atractivo juego de perspectivas.

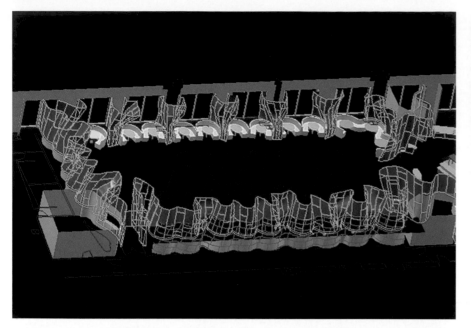

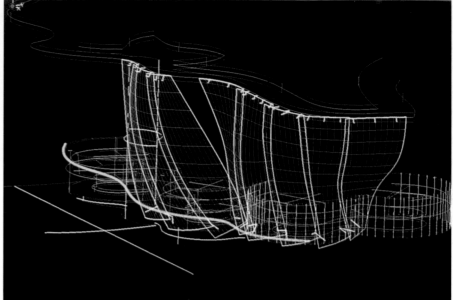

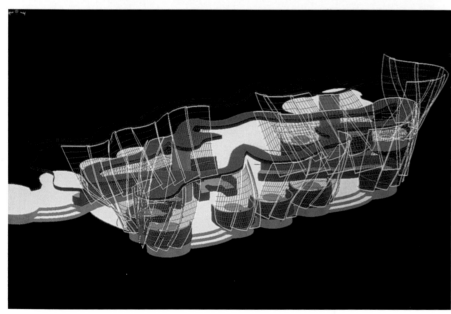

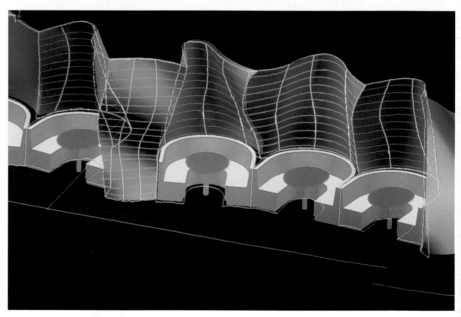

The tri-dimensional image show a panorama of the cafeteria and how its available space has been organized.

La imagen tridimensional muestra una panorámica del establecimiento y de cómo se ha organizado el espacio disponible.

The impossible forms exhibited in the majority of the North American architect's works are also to be seen in this project: the creation of a visual, very rhythmic and dynamic atmosphere.

Las formas imposibles de las que el arquitecto americano hace gala en la mayoría de sus trabajos originan, también en este proyecto, una atmósfera singular visualmente muy rítmica.

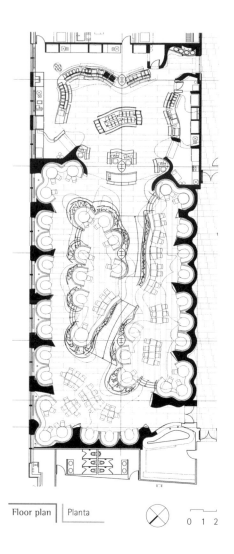

The booths, on a raised dais, are in the center of the main area. Their shape is delimited by curved glass panels. Las cabinas, que se encuentran sobre una plataforma elevada, están en el centro del área principal y su forma viene delimitada por los paneles de cristal ondulado.

The cafeteria has four very well-equipped private dining rooms used for presentations, meetings... The walls of these rooms as well as their ceilings and floors are finished in ash veneer. The walls of the eastern part are joined together by beveled glass panels that provide a gentle natural illumination.

La cafetería dispone de cuatro comedores privados, cuyos suelos, paredes y techos son de chapado de madera de fresno, en combinación con paneles de cristal traslúcido que proporcionan una iluminación ligera y natural.

Lotus

Wayne Finschi

Interior designer Interiorista: **Wayne Finschi**   Photographer Fotógrafo: **Shania Shegedyn**   Location Localización: **Melbourne, Australia**   Date of construction Fecha de construcción: 200

Asian culture has inspired Lotus, a place whose very name is Asian. It is an establishment that may be described as a combination of the most innovative aspects of Melbourne and the modern Asia with a pinch of the traditional.

A fusion of textures, materials, and colors skillfully conflatilng with something Western and modern configures the aesthetics. The space is agreeable, welcoming. It does its job through a minimalism that sometimes borders on a puritanical opulence.

Lotus is located in Melbourne and its details were worked out by Wayne Finschi, the interior decorator who took charge of the refurbishing project. The result is a combination of eclectic interiors filled with architectural and ornamental touches that make up an enormously attractive theatrical ambience.

Natural materials and textures, such as the stone in the original sculptures, blend successfully with the highest tech materials and textures (stainless steel, chromed steel, glass) to create a suggestive and relaxed atmosphere.

Contained in colors, neutrality takes over a space subdivided into two levels with only some transgresing and eye-catching touches: the curtain of metal that sifts the natural light that penetrates through the windows; some of the other ornamentation that breaks with the reigning sobriety.

The central atrium is an elongated space, rectangular, with ceilings of considerable height. It has allowed the installation of an elegant and functional café-bar organized off the long counter bar dividing the place in half. This is flanked by columns. On one side of the dividing line are small circular tables, benches, and armchairs to have a relaxed informal drink. The other side is a restaurant. It all takes your gaze directly to the end of the space, to a sculptural and evocative white figure that breaks the space of a wall some six meters in height and incorporating a gold-colored Buddha in one of its niches. Upstairs, things are more intimist and warm.

Lotus is an homage to mestization properly understood, a space where East and West flow unimpeded and show the best side of each.

La cultura asiática ha servido de inspiración a la hora de proyectar el Lotus, local que incluso toma su nombre de ella. Este establecimiento es algo así como la unión entre el Melbourne más innovador y el Asia más moderna con algunas pinceladas tradicionales. Una fusión de texturas, materiales y colores hábilmente tamizados por un toque occidental y moderno se encargan de configurar la estética de un espacio agradable y acogedor en el que el minimalismo se transforma, en ocasiones, en una sobria opulencia.

La intervención de Wayne Finschi, interiorista encargado de la rehabilitación de este espacio, ha dado como resultado un establecimiento de interiores eclécticos y plagados de soluciones arquitectónicas y decorativas que componen una atmósfera enormemente teatral y atractiva.

Materiales y texturas naturales como la piedra de los elementos esculturales moldeados a mano de forma totalmente artesanal se mezclan con materiales y texturas actuales como el acero inoxidable, el acero cromado o el vidrio para proponer un ambiente sugerente y sosegado.

Contenido en colores, la neutralidad se apodera de un espacio dividido en dos niveles con sólo algunos toques transgresores y llamativos, como por ejemplo la cortina metálica que tamiza la luz natural que penetra por la ventana.

El área central es un espacio rectangular cuyos techos presentan una altura considerable que alberga un elegante y funcional café bar, organizado a partir de una gran barra se servicio que separa en dos el espacio y que está franqueada por columnas. Uno de los lados de esta barra se ha destinado a un uso más bien informal, con pequeñas mesas circulares, banquetas y sillones, mientras que el otro se ha dedicado a restaurante. La vista se desvía inevitablemente hacia el final de la estancia, donde en la pared –de unos 6 m de altura– se ha esculpido una escultural y evocadora composición blanca que incorpora en una de sus esquinas la imagen de un pequeño buda dorado. En el nivel superior se ha creado un ambiente más intimista y cálido.

The large central bar, which runs the entire length of the ground floor, divides the space in half. Careful lighting and a knowledgeable use of textures, materials, and colors bring about the unique air breathed throughout the space.

La gran barra central, que atraviesa toda la planta baja del local, divide el espacio en dos. A lado y lado se han creado dos zonas claramente diferenciadas. Una cuidada iluminación y la sabia conjunción de texturas, materiales y juegos cromáticos proporcionan ese aire tan singular que respira.

Wayne Finschi has used an Eastern-inspired palette in the interiors of the Lotus. The pink of Thailand, the orange of Malasia, the white of China are examples... These shades are combined with other more neutral ones in the search for the right harmony.

Wayne Finschi ha utilizado una paleta cromática inspirada en Asia a la hora de colorear los interiores del Lotus. El rosado de Tailandia, el anaranjado de Malasia o el blanco de China son ejemplo de ello. Estas tonalidades se combinan con otras más neutras para conseguir una perfecta armonía.

LOS zuritos

Mariano Martín

Architect Arquitecto: **Mariano Martín**   Photographer Fotógrafo: **Pedro López Cañas**   Location Localización: **Madrid, Spain/España**   Date of construction Fecha de construcción: **1999-2000**

The typical small glasses of wine served in the Basque Country (Spain), zuritos, are the inspiration for the name of this establishment built by Mariano Martín on one of Madrid's busiest streets.

The architect had to deal with the design of a space with a long list of problems in tow that would leave their mark on the final result. Along with the physical limitations of the space, only 120 square meters divided between two stories, and the many load-bearing walls reducing the inside dimensions (badly lighted, at that), were added the low budget and short deadline for the design, then the actual building–less than three months all told.

With these limitations imposed, the option chosen was that of making a virtue of defects. Thus, in order to assure good lighting, the street front was opened to the maximum with a 3.2 x 3.2 meter aperture to fit a steel-framed glass revolving door. This meant not only more direct lighting but quick and easy access between the street and the bar, in fact blurring the distinction between inside/outside. The intensity of the lighting within the bar is controlled by lamps in the form of cubes and made of steel and opal colored glass. These make the light livelier during the day and bring about a warmer intimacy at night. To reinforce this effect, dark, somewhat cold materials were used in the façade, like the wood-cement panels and varnished filed steel. The effect is continued in the false ceilings, where the heads of the Allen screws are left revealed, and in the polished concrete floors, which contrast with the white tones of the interior walls. Another solution was that of making the load-bearing walls—theoretically one of the problem areas—an active part of the décor. A bar of iroko wood runs the length of these interior walls, breaking off only in the service area, thus leaving free the largest amount of space possible. The sensation of thick walls is increased by tilted mirrors in iroko frames. To avoid visually oppressing the space, the furniture was minimized to custom-made benches of iroko panels in folding steel frames. The solutions are effective, practical; they make the space pleasant and contemporary and inviting.

Esos típicos vasitos de vino vascos, los zuritos, dan nombre a este establecimiento proyectado por Mariano Martín que se encuentra situado en una de las calles más transitadas de Madrid.

El arquitecto tuvo que enfrentarse, al diseñar el espacio, con toda una serie de inconvenientes que marcaron el resultado final. A las limitaciones en cuanto a superficie –sólo 120 m² repartidos en dos plantas–, los numerosos muros de carga que reducen el espacio conforme se avanza hacia el interior y la falta de una buena iluminación natural, debía añadirse el reducido presupuesto con el que se partía y el escaso tiempo disponible para su proyección y posterior ejecución –menos de tres meses para ambas tareas–.

A la vista de todos estos condicionantes, optó por hacer del defecto una virtud: a fin de lograr una buena iluminación decidió dotar la fachada con una abertura de generosas dimensiones –3,20x3,20 m– con una ventana y una puerta pivotantes de acero apoyadas en perfilería también de acero. Así, además de penetrar una mayor cantidad de luz, la comunicación entre interior y exterior se hace más fluida y directa, e incluso llegan a diluirse las fronteras. La intensidad de la luz del interior se potencia con luminarias diseñadas en forma de cubo en acero y vidrio. Con ellas se logra una luz más viva y alegre de día y una atmósfera más íntima y cálida al atardecer.

Para reforzar este efecto se emplearon materiales oscuros y poco amables en la fachada, como paneles de madera, cemento y acero lijado y barnizado, elección que se prolonga en los falsos techos, recubiertos de hormigón pulido, en contraste con los paramentos verticales, donde predominan los tonos blancos. Otra de las soluciones fue hacer que los muros de carga, que en un principio podían resultar un obstáculo, formaran parte activa del local.

En la organización interior se optó por crear una barra continua de madera de iroko que sólo se despega de los muros en la zona de servicio. Para aumentar la sensación de profundidad entre los muros se dispusieron espejos inclinados con soporte también de madera de iroko. El mobiliario se reduce a banquetas diseñadas expresamente para el local a base de tubo plegado de acero y tablero de iroko.

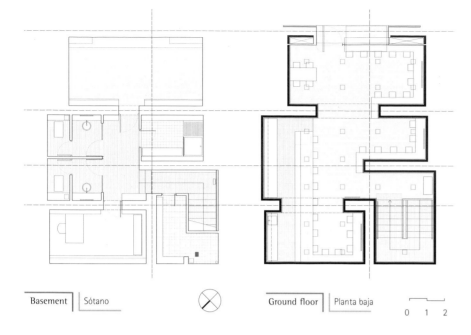

Basement | Sótano   Ground floor | Planta baja   0 1 2

The highly effective minimalism in the layout and design brings about the maximum practical use of a space which, before the conversion, had more headaches than advantages.

Un acertado minimalismo en el planteamiento del local consigue extraer el máximo partido a un espacio que antes de la intervención presentaba más inconvenientes que ventajas. El resultado es un local vanguardista y funcional acorde con los tiempos que corren.

palmenhaus café

Eichinger oder Knechtl

Architects Arquitectos: **Eichinger oder Knechtl** Photographer Fotógrafo: **Margherita Spiluttini** Location Localización: **Vienna, Austria/Viena** Date of construction Fecha de construcción: **1998**

Imposing. The café, bar, restaurant in Vienna's Burggarten Park can be so classified.

The Palmenhaus is inside the Schonbrunn Palace, built between 1899 and 1906 and designed by the architect Friedrich Ohmann. It is a magnificent structure of iron and glass, a tropical greenhouse in the heart of Vienna which, in the nineteenth century, was considered to be a marvelous work of engineering in a privileged setting. Its architecture was inspired on Turner's famous glass creation in Kew Gardens (1848).

The grounds were abandoned for years until the city authorities decided to put its beauty to use and turn it into a space that could be used by the greatest number of people possible. Thus was the Palmenhaus Café born.

Taking advantage of this dazzling architectural work, the Viennese architects Eichinger and Knechtl, a professional group commissioned with the rehabilitation and conversion of the space, installed the unique café which is also a cafeteria restaurant from ten in the morning till two at night.

The building's central space, which coincides with the highest point, a 15-meter semicircular ceiling, received a large bar counter that divides the Palmenhaus into a café area and a restaurant area. In fact, the greenhouse feature is played up by the use of palms and other plants as decoration inside the café.

The building arts employed are so spectacular that they played a major part in the new design. The architects on the project ensured that the forms would increase their role. The space is constantly illuminated by natural light during the day through its glass walls; by night, attractive electrical lighting shows off the materials, textures, and colors in the décor.

The bar serves more than 150 kinds of drinks and the restaurant has a marked Italian flair with an attractive gathering of people frequenting it. The public ranges from the young nighttime crew to the middle-and-beyond early afternoon clients in search of coffee and/or dinner in a deluxe setting

Imponente. Así podría calificarse este café, bar y restaurante situado en el parque Burggarten, en Viena. El Palmenhaus Café es un establecimiento ubicado en el palacio de Schonbrunn, construido entre 1899 y 1906 y diseñado por el arquitecto Friedrich Ohmann. Se trata de una descomunal estructura de hierro y cristal. Un invernadero tropical en el corazón de Viena que en siglo XIX estuvo considerado como una maravillosa obra de ingeniería rodeada de un entorno privilegiado. Su arquitectura se inspira en la famosa creación de cristal de Turner, en los jardines de Kew (1848).

El recinto permaneció abandonado durante años hasta que las autoridades de la ciudad decidieron potenciar su belleza y convertirlo en un espacio que pudiera ser utilizado por el mayor número de gente posible. Así nació el Palmenhaus.

Aprovechando el deslumbrante edificio, los arquitectos vieneses Eichinger y Knechtl, profesionales a los que se confió la rehabilitación y transformación del espacio, fueron los encargados de instalar un establecimiento que funciona como cafetería y restaurante desde las diez de la mañana hasta las dos de la madrugada.

El espacio central del edificio, que coincide con el punto de mayor altura, un techo semicircular de 15 metros, se ha empleado para ubicar la gran barra que lo atraviesa y que reparte el espacio entre una zona destinada a café y otra área dedicada a restaurante. De hecho, el carácter de invernadero queda patente con las palmeras y plantas que alberga el interior del café y que forman parte de su decoración.

La arquitectura del espacio era tan espectacular que influyó sobremanera en el diseño del nuevo local. Los arquitectos se encargaron de potenciar sus formas dejando que se convirtieran en las verdaderas protagonistas. La luminosidad del espacio, constantemente bañado de luz natural durante el día gracias a las paredes acristaladas, e iluminado de forma muy atractiva cuando anochece, junto a los materiales, las texturas y la paleta cromática empleada aumentan la extraordinaria belleza del lugar.

La barra del café se ha especializado en más de 150 variedades de bebidas y el restaurante presenta un marcado carácter italiano, por lo que es fácil encontrar una atractiva mezcla de gente entre los que lo frecuentan.

The Palmenhaus maintains its original magic and its architectural beauty. Designed as a greenhouse by the architect Friedrich Ohmann, it has been rehabilitated to bring back it exceptional role as a faddish place for the Viennese and their visitors.

El Palmenhaus mantiene todo su encanto y belleza arquitectónica original. Diseñado como invernadero por el arquitecto Friedrich Ohmann, su rehabilitación ha conseguido recuperar un lugar excepcional al alcance de todos los visitantes.

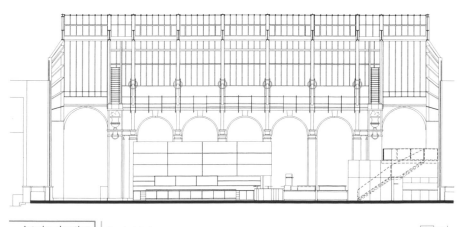

Interior elevation | Alzado interior

0 1 2

The transparent roof of curved steel and glass brings the space an attractive natural lighting during the day, bringing out the light tones in the walls and the floors.

Su cubierta transparente, conseguida con la arcada de hierro y cristal, permite que el espacio disponga de una atractiva iluminación natural durante todo el día. Esta luminosidad se potencia con los tonos claros empleados en las paredes y los suelos.

Construction details of the bar | Detalles constructivos de la barra

0 1 2

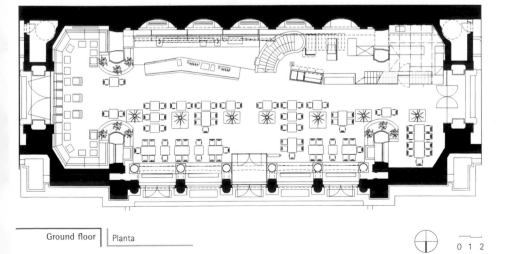

Part of the kitchen area (just beside the large bar counter running the length of the café) is behind a translucent glass-and-steel screen, concealed from the client's gaze, and including a metal staircase.

Parte de la zona destinada a cocina, que se encuentra justo al lado de la gran barra de servicio que atraviesa el local, se ha ocultado a la vista del cliente con un gran cuerpo de cristal traslúcido y perfil de metal que esconde, también, una escalera.

Ground floor | Planta

0 1 2

Dennstedt

Werner Larch & Claudia König

Architects Arquitectos: **Werner Larch & Claudia König**   Photographer Fotógrafo: **Margherita Spiluttini**   Location Localización: **Vienna, Austria/Viena**   Date of construction Fecha de construcción: **1997**

Those who planned this highly adaptable space gave it the name Dennstedt. These planners themselves are called Werner Larch and Claudia König. The establishment in question is located in a busy zone of Vienna, its interiors reflecting their different functions as the day passes, working variously as café, bar, restaurant. The setting is in constant change depending on the activity.

The Dennstedt is on the ground floor of an apartment block on a street corner. What the architects had to work with involved a series of conditions that had to be borne in mind when it came time to design the premises. The problems included, for example the five-meter ceiling height or the columns running through the rooms. The problems included the elimination of parts of the façade until only the concrete superstructure was left, a solution that liberated space and made it possible to install new areas. This solution brought about the movement of the entrance, which at first was situated right on the street corner itself and included the room that was to be used for the café. The result was a new division and organization of space, and the installation of large windows along the whole façade, thus gaining fluid communication between inside/outside.

The main concept after eliminating some elements was to put in a large salon of considerable height. It was very well lighted and angular in form, and each corner had to coincide with a different function for the Dennstedt. On the left, a rectangular space, intimate and quiet, is used for the restaurant. Just inside the entrance is a café-bar, more informal and distended. Both areas are at the back of the premises, where there is an intermediate floor with rooms for the kitchen personnel.

The separation toward the dining room was carried out by the use of a large mass of natural stone. This is backlighted and provides an attractive decorative element as well as creating a differentiating setting. The café area is resolved through the use of materials of marked industrial aspect, such as glass and stainless steel. The restaurant, however, uses more elegant materials. Although some of the resources are repeated in both to bring about a visually unified space.

The play of light, the materials, the textures, and the colors define the dendrite, an avant-gardist place that is warm and welcoming. Good taste and elegance reign throughout.

Los responsables de proyectar este espacio multifuncional bautizado con el nombre de Dennstedt fueron los arquitectos Werner Larch y Claudia König. Situado en una concurrida zona de Viena, este establecimiento refleja en sus interiores los diferentes usos que pueden adquirir sus espacios a lo largo del día; puesto que funciona indistintamente como café, bar y restaurante, su ambiente está en constante cambio dependiendo de la actividad que en ese momento se realice.

El local se encuentra situado en la planta baja de un edificio de viviendas que hace esquina y sus interiores presentaban una serie de particularidades que se tuvieron en cuenta en el nuevo diseño: por ejemplo, los cinco metros de altura o las columnas que atraviesan sus salas. Algunas partes de la fachada se eliminaron a fin de dejar sólo la estructura de hormigón, solución que permitió liberar el espacio y poder ubicar nuevas áreas. Este recurso consiguió desplazar la entrada, que en un principio se encontraba situada justo en la confluencia de las dos calles, hasta la sala destinada a café, lo que facilitó las divisiones y la organización espacial. Además, se abrieron ventanales a lo largo del perímetro de toda la fachada que establecen una comunicación fluida entre interior y exterior.

El concepto primordial, después de eliminar elementos, era dibujar una gran sala de altura considerable, muy luminosa y de forma angular, en la que dos de los vértices coinciden con las funciones del local. A mano izquierda, un espacio rectangular, íntimo y tranquilo alberga el restaurante; al otro lado, justo en la entrada, se ha situado el café bar, de aspecto más informal y distendido. Ambas zonas se encuentran al fondo del local, donde se ha creado una planta intermedia en la que se han instalado estancias para el personal y la cocina.

La separación del comedor está a cargo de un gran volumen de piedra natural iluminada por detrás que funciona además como elemento decorativo. El área de café se ha resuelto con materiales de marcada referencia industrial, como cristal y acero inoxidable; en cambio, el restaurante emplea materiales más nobles. Aunque algunos recursos se repiten en ambos para conseguir un espacio visualmente uniforme.

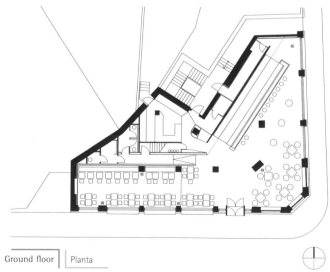

Ground floor | Planta

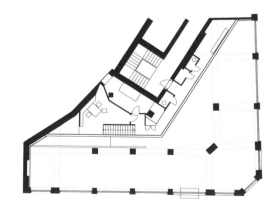

Loft | Altillo   0 1 2

The floors and the ceilings have been covered in wood, a very warm material. For the furniture and room divider, which incorporates a bench, a dark tone has been used. This hard color contrasts with the white of the columns, the blinds of the windows, the lighted panel separating the room and the careful lighting.

Suelos y techos se han revestido de madera, material de enorme calidez. Para los muebles y el panel separador, que en su base incorpora un banco continuo, se ha elegido un tono oscuro. Esta dureza cromática contrasta con el blanco de las columnas, los estores de las ventanas, el panel iluminado que ejerce de separador y la cuidada iluminación del espacio.

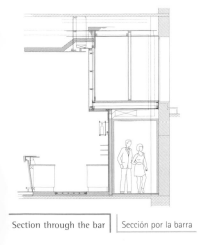

Section through the bar | Sección por la barra

0   0,5   1

Section through the bathroom | Sección por el baño

café Indépendants

Wakabayashi Hiroyuki

Architect Arquitecto: **Wakabayashi Hiroyuki** Collaborators Colaboradores: **Oyama Ikko, Ue Mariko, Tanabe Naomi** Photographer Fotógrafo: **Ogasawara Yoshihiko**
Location Localización: **Kioto, Japón/Japan** Date of construction Fecha de construcción: **1998**

Walking into the Café Indépendants, visitors are submerged, both by art and by magic, in another age, as if they had crossed the time barrier and returned to the 1940s.

Located in one of the most central areas of Kyoto, Japan, the premises of what is today a café are on the site of a 1928 building by one of the most representative figures of modern Japanese architecture, Tekeda Goichi. This building was originally the headquarters of a newspaper, but was abandoned and with the passage of time fell nearly into ruins.

Artist Oyama Ikko, who opposed the building's demolition, installed an art gallery on the first floor. He teamed up with architect Wakabayashi Hiroyuki and the two rehabilitated the structure, considered as national patrimony, and transformed it into a space for art, leisure, and culture. Later, the third and fourth floors were renewed so as to organize performances and art exhibitions. Currently, the second floor houses a restaurant and the basement the café.

The project was set up to create a welcoming space where the idea of freedom reigned and an eclectic feel of past and present merged. The name of the café, in fact, a French term, has a more than clarifying meaning: "free exhibit", "free of judgment", and this is what is desired by the space in question.

The basement interior was totally dilapidated. When the conversion got under way, with the prime aim of keeping everything possible from the original space, there appeared from under the floors and walls a series of paintings and mosaics done in the 1940s. These have now been cleaned and restored.

If there is a word that best defines the aesthetics and the architectural and decorative problem-solving used here, that word is recycling: taking maximum advantage of the original to bring about an attractive combination of styles and trends.

Al traspasar el umbral del Café Indépendants el visitante se sumerge, como por arte de magia, en otra época, es como si cruzara la barrera del tiempo y se trasladara hasta los años cuarenta.

Situado en unas de las zonas más céntricas de la ciudad de Kioto, las instalaciones que hoy funcionan como café se encuentran ubicadas en un edificio de 1928 proyectado por uno de los arquitectos más representativos de la arquitectura japonesa moderna, Takeda Goichi. Esta construcción constituyó originariamente la sede de un periódico, pero fue abandonada y con el paso del tiempo quedó casi en ruinas.

El artista Oyama Ikko, que se oponía a la demolición del edificio, instaló en la primera planta una galería de arte. Junto al arquitecto Wakabayashi Hiroyuki rehabilitaron el edificio, considerado patrimonio nacional, y lo transformaron en un espacio dedicado al arte, el ocio y la cultura. Más tarde, la tercera y cuarta planta se habilitaron para poder organizar actuaciones y exhibiciones de arte; actualmente, el segundo piso acoge un restaurante y el sótano del primer piso es el espacio en el que se ha ubicado el café.

El proyecto se concibió de manera que fuera posible crear un lugar acogedor en el que primara la idea de libertad y una atmósfera ecléctica en la que pasado y presente se confundieran. De hecho, el nombre del café, un término francés, posee un significado más que esclarecedor: "libre exhibición", "exento de juicio", y eso es lo que desea lograr el espacio.

El interior del sótano se encontraba completamente en ruinas. Al iniciarse las obras, que han intentado mantener lo máximo posible la atmósfera originaria del local, aparecieron bajo los suelos y muros pinturas y mosaicos que datan de los años cuarenta y que se han restaurado y mantenido.

Si existe una palabra que defina la estética y las soluciones arquitectónicas y decorativas empleadas esa no es otra que reciclaje: aprovechar lo máximo para lograr una atractiva combinación de estilos y tendencias.

The reform work anchored itself in a space where characteristic features of the 40s were conserved and combined with contemporary trends. Designer Ue Mariko and ceramist Tanabe Naomiv, in charge of recovering the mosaics and paintings, used very new techniques.

La reforma ha dibujado un local en el que se conservan los trazos característicos de la época en la que quedó anclado y los ha combinado con tendencias más actuales. El diseñador Ue Mariko y el ceramista Tanabe Naomiv, encargados de recuperar los mosaicos y las pinturas, emplearon técnicas novedosas.

The refurbishment keeps part of the original materials and the original construction. Recycled wood, steel, and other recycled elements go into the café's singular atmosphere.

La rehabilitación mantiene parte de los materiales originales y la construcción del edificio. Madera reciclada, acero y otros elementos recuperados configuran la singular atmósfera del local.

1. Art store and office	1. Tienda de arte y oficina
2. Recordings and CDs (storeroom)	2. Tienda de discos
3. Office	3. Oficina
4. Café/Bar	4. Café bar
5. Checkout desk	5. Caja
6. Show window	6. Vitrina
7. Kitchen	7. Cocina
8. Storeroom	8. Almacén
9. Rest rooms	9. Aseos
10. Storeroom	10. Almacén

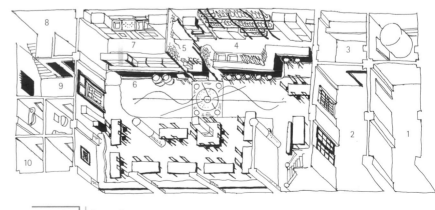

Perspective | Perspectiva

Gloriette

Franziska Ullmann

Architect Arquitecto: **Franziska Ullmann**   Photographer Fotógrafo: **Margherita Spiluttini**   Location Localización: **Vienna, Austria/Viena**   Date of construction Fecha de construcción: **1996**

The building housing the Café Gloriette is an old summer palace in the imperial style surrounded by magnificent gardens and extraordinary views. It is, without the least doubt, one of the most beautiful seigniorial cafés in Austria. In 1692, Fischer von Erlach designed a first palace that is now occupied by the café. Over the course of the years the original was modified. From 1948 to 1951, the Gloriette had to be restored as the result of bomb damage to its structure, and from 1993-1995 it again underwent general refurbishment under the direction of the architect Reinhard Eisterer. Finally, in 1996, the café in its present form was installed. The woman in charge of bringing life to this attractive establishment, which combines to perfection the architectural classicism of its external structure (kept practically fully intact) is the architect Franziska Ullmann, who has chosen interiors dominated by the most up-to-date contemporary trends.

The extreme combination of styles only makes the architecture and design more powerful, bringing out the light, ethereal aspect of the historical edifice.

Its construction is classical, of regular rectangular lines and with a central body that rises up from the base housing the café itself. And it was these particular architectural lines of the building that determined the stylistic resources used, the decorative solutions, and the final selection of substances.

Inside, the bar, contained within a rectangular module and located at one end of the premises, irremediably defines the spatial organization. This is decidedly right-angled and already announced in the façades, where the straight lines are broken only by the arches.

The geometrical right vectors of clay in the café area are contained by four imaginary squares. The large seating booths on raised bases and the wooden masses along the walls have been designed like two-dimensional islands. Each one of these is an independent zone set into the hollow of one of the bay windows.

The neutral colors are interrupted only by the reddish tones of the wicker-seated chairs scattered around the space, and the birch panels in the front of the bar. The rest is dominated by beige-colored stone, light tones of natural wood, transparent glass and lightweight aluminum. There has been an attempt, here, to create a space that flows freely and without too many visual barriers. Nor has the design included too many pieces of furniture or ornamental elements: all the natural light pouring into the space provides attractive proof of this. The architecture itself becomes the key feature.

El edificio que alberga el Gloriette es una antiguo palacete de verano de estilo imperial rodeado de unos magníficos jardines. Se trata, sin duda, de uno de los cafés más señoriales de Austria. La construcción original fue erigida en 1692 y con el paso de los siglos ha experimentado diversas modificaciones. En 1948 el Gloriette tuvo que ser restaurado después de que una bomba dañara su estructura, y entre 1993 y 1995 se llevó a cabo una remodelación estructural bajo la dirección de Reinhard Eisterer. Finalmente, en 1996 se proyectó el café tal y como es en la actualidad. La encargada de dar vida a este atractivo establecimiento que conjuga a la perfección el clasicismo arquitectónico de su estructura externa, que se ha mantenido prácticamente intacta, con unos interiores dominados por las tendencias más actuales y contemporáneas fue la arquitecta Franziska Ullmann.

En esta construcción de estilo clásico, en cuya parte central se ha ubicado el recinto que alberga el café propiamente dicho, fueron sus particulares líneas arquitectónicas las que determinaron la combinación de recursos estilísticos, las soluciones decorativas y la elección final de los materiales.

La barra, contenida en un módulo rectangular situado en uno de los extremos del local, marca la organización espacial, que resalta las líneas rectas que se intuyen desde el exterior y que sólo se rompen por las arcadas que recorren toda su fachada.

De proporciones geométricas, los vectores derechos de la barra y el área destinada a café se contienen en cuatro cuadrados imaginarios. Las grandes áreas previstas para sentarse están ubicadas en plataformas y volúmenes de madera a lo largo de las paredes y se han diseñado como islas independientes que aprovechan el hueco de cada una de las arcadas. La neutralidad cromática sólo se quiebra con el rojizo de las sillas de mimbre que se reparten por todo el espacio y los frontales de madera de arce empleada en la parte inferior de la barra. El resto está dominado por el beige de la piedra, los tonos claros de la madera natural, la transparencia del cristal y la ligereza del aluminio.

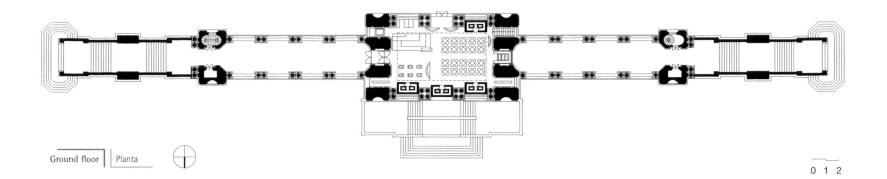

Ground floor | Planta

0 1 2

A completely neutral color scheme brings out the beauty of the building's architecture. This balance is broken only by the vibrant red, luxurious and imperial, of the small birch wickerwork chairs.

Una paleta cromática dominada por las tonalidades neutras potencia la belleza arquitectónica del edificio. Este equilibrio sólo se rompe con el rojo intenso, lujoso e imperial de las sillas de mimbre y la madera de arce.

The solutions used in the interior decoration make it possible to vary the spatial organization and adapt it for different occasions like weddings, presentations, inaugurations...

Las soluciones empleadas en la decoración interior permiten que sea posible variar la organización del espacio y acomodarlo según la ocasión para celebrar presentaciones, bodas, inauguraciones...

The coffee store

Estudio Aizersztein Arquitectos

Designing the image of an entire chain of cafeterias is in no way easy. Studio Aizersztein, Architects, took on the job for The Coffee Store with decision, and came up with a novel project for the series of establishments dedicated to the world of coffee. The first, The Coffee Store Alto Palermo, served as the prototype for the rest of the series, and the prototypal spatial daring set a lively pace. This was one of the reasons for rejecting halfway solutions or those alluding to a concrete place. The idea was to create settings which, introduced into any geographical point, could be immediately identified with the group's logo.

Thus, the development of the architectural image of these locales were part of a larger project that consisted in bringing to life a new idea based on the coffee theme. Homage would thus be rendered to this legendary beverage which could be appreciated in all its different qualities and flavors, and products related to coffee would also be sold. The decided aim was to create a chain of coffee stores.

The project's main concepts were established before beginning to work: it was essential that the establishments be located in heavily trafficked zones, in areas where the concept would not be misrepresented, and in spaces that were identified as top of the market and easily recognized by the public.

The final result is a chain of establishments where the attractive interiors are dominated by fluidity, elegance and functionalism.

Diseñar la imagen de toda una cadena de cafeterías no es tarea sencilla; el Estudio Aizersztein Arquitectos fue el encargado de dar forma al proyecto The Coffee Store, un conjunto de establecimientos dedicados al mundo del café.

Al emprender la tarea, estos profesionales adoptaron un lenguaje funcional, capaz de adaptarse a diferentes espacios. El primer local de la cadena, el Coffee Store Alto Palermo, se planteó como el prototipo que debía repetirse en el resto de los establecimientos que se abrirían con posterioridad, así que su concepción espacial debía marcar las pautas que seguir en el futuro. Este fue uno de los motivos por los que se desecharon soluciones a medida o alusivas a un lugar concreto. La intención era crear ambientes que, estando ubicados en cualquier punto geográfico, pudiesen ser identificados como pertenecientes al grupo sin dificultades.

Asimismo, el desarrollo de la imagen arquitectónica de estos locales formaba parte de un proyecto más amplio que consistía en imponer una idea nueva de café temático donde se rindiera culto a esta legendaria bebida, pudieran apreciarse sus diferentes calidades y sabores y se vendieran productos relacionados con ella. El objetivo marcado era crear una cadena de boutiques de café.

Las premisas establecidas antes de empezar a trabajar fueron muy concretas: era esencial que los establecimientos se encontraran ubicados en zonas de tránsito intenso, en áreas en las que no se desvirtuara su sentido, que fueran espacios identificados como locales de máxima categoría y fácilmente reconocibles por el público.

El resultado final ha sido una cadena de establecimientos en la que los interiores están dominados por la fluidez, la elegancia y la funcionalidad.

coffee store patio Bullrich

Architects Arquitectos: **Liliana & Alejandro Aizerstein, María Garzón Maceda** Photographer Fotógrafo: **Sosa Pinilla** Location Localización: **Buenos Aires, Argentina** Date of construction Fecha de construcción: 2000

All the establishments had to have a neat, flowing ambience. They had to show off great spatial purity and refinement without stridency. These needs brought about the choice of a limited, neutral palette that included only a reduced number of bright colors read as a kind of transgressive touch.

Todos los establecimientos debían poseer una atmósfera nítida y fluida, de gran pureza espacial y refinada, sin estridencias ambientales. Estos condicionantes hicieron que se optara por una paleta cromática neutra y escasa en la que sólo se incluyen contadas notas de color entendidas como ciertos toques transgresores.

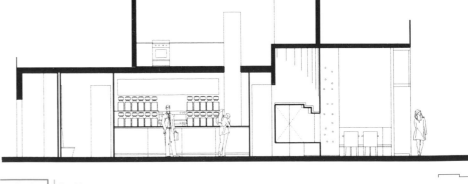

Section | Sección

0   1   2

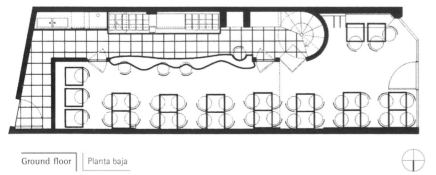

Ground floor | Planta baja

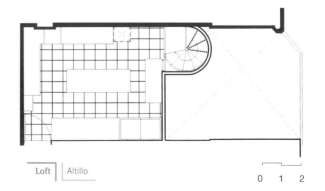

Loft | Altillo

0 1 2

coffee store alto palermo

Architects Arquitectos: **Liliana & Alejandro Aizerstein, María Garzón Maceda** Photographer Fotógrafo: **Sosa Pinilla** Location Localización: **Buenos Aires, Argentina** Date of construction Fecha de construcción: **1998**

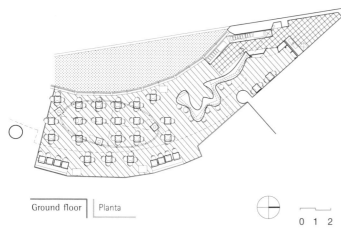

Ground floor | Planta

0 1 2

The use of fine materials such as wood combined with metal or glass brings about the warm touch The Coffee House conveys. The choice was for minimal decoration, no excess. Quality shows through not only the design but also the execution and the selection of decorative elements.

El empleo de materiales nobles como la madera, combinada con metal o vidrio, consiguen crear ese toque cálido que poseen todos los establecimientos de la cadena. Además, se optó por una ornamentación mínima, sin excesos. Se buscaba tanto calidad en el diseño como en la ejecución y la selección de acabados.

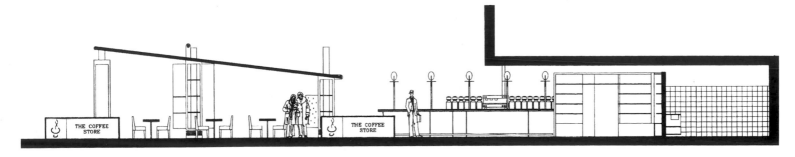

Section | Sección

0   1   2

coffee store puerto madero

Architects Arquitectos: **Liliana & Alejandro Aizerstein, María Garzón Maceda** Photographer Fotógrafo: **Sosa Pinilla** Location Localización: **Buenos Aires, Argentina** Date of construction Fecha de construcción: **2001**

Warm lighting achieves the harmony the architects were seeking. Wood is the material that has been used most often in the interiors. The flamboyant clay figure takes on importance in all the stores as it is the main element articulating the space and integrating the pieces around it.

Se eligió una iluminación cálida para lograr la armonía deseada por los arquitectos. La madera es el material más empleado en los interiores. La figura ondulada de la barra adquiere gran importancia en todos los establecimientos, ya que es el eje articulador del espacio a la vez que integra el resto del mobiliario.

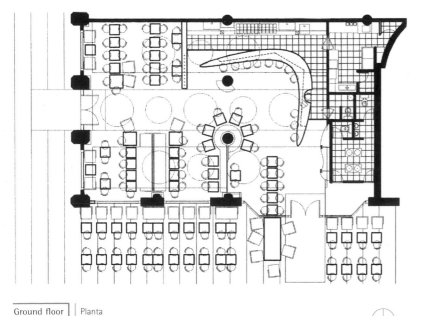

Ground floor | Planta

Section | Sección

0 1 2

coffee store florida

Architects Arquitectos: **Liliana & Alejandro Aizerstein, María Garzón Maceda** Photographer Fotógrafo: **Sosa Pinilla** Location Localización: **Buenos Aires, Argentina** Date of construction Fecha de construcción: **1999**

Beyond aesthetic considerations, other needs requiring solutions were the exhibition of 22 varieties of coffee served in The Coffee House's establishments. This meant making available 22 small grinders artfully distributed around the coffee machine. The service areas and lavatories thus needed a differentiating approach, a more aseptic touch contrasting with the warmth of the wood in the restaurant sections.

Más allá de las consideraciones estéticas, otras necesidades exigían solución: por ejemplo, la exhibición de las 22 variedades de café que se sirven en estos establecimientos. Esto requería disponer de 22 molinillos debidamente distribuidos alrededor de la máquina de café y en contacto con la zona de lavado y servicio. Para esta área concreta se recurrió a un tratamiento diferenciado, un ambiente más aséptico y frío que contrasta con la calidez obtenida en las zonas públicas, proyectadas en madera.

Section | Sección

0 1 2

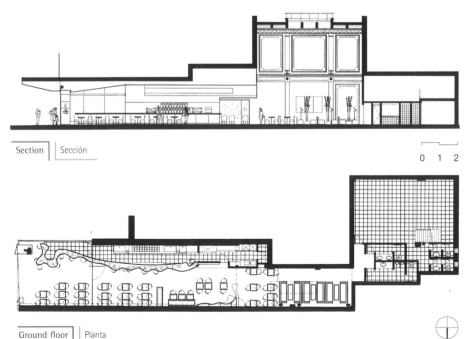

Ground floor | Planta

coffee store Recoleta

Architects Arquitectos: **Liliana & Alejandro Aizerstein, María Garzón Maceda** Photographer Fotógrafo: **Sosa Pinilla** Location Localización: **Buenos Aires, Argentina** Date of construction Fecha de construcción: **1999**

Maximum care in the details: chairs with dark upholstery match the comfort of the wooden tables. Versatility resides in the different combinations and arrangements, whether individual or collective. The European style benches, the stools filling the curves of the bar, wooden magazine racks, warm lighting... The solutions are effective and hospitable.

Todos los detalles se han cuidado al máximo: sillas tapizadas de oscuro, mesas de madera que ofrecen versatilidad al disponer de diversas maneras de agrupación –individuales y colectivas–, banquetas de estilo europeo, taburetes que se ubican en las ondulaciones de la barra, revisteros en paneles de madera, iluminación acogedora... soluciones efectivas que crean hospitalidad.

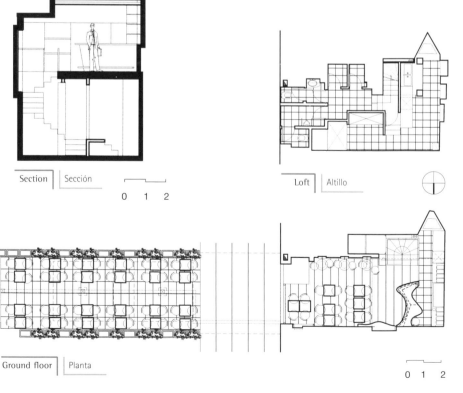

Section | Sección

0   1   2

Loft | Altillo

Ground floor | Planta

0   1   2

Man Ray

Miguel Cancio Martins

Architect Arquitecto: **Miguel Cancio Martins (MCM)**   Photographer Fotógrafo: **Miquel Tres, Man Ray**   Location Localización: **Paris, France/París, Francia**

Date of construction Fecha de construcción: **1999**

One of the most charismatic and notable people in the history of photography, the versatile North American artist Man Ray, inspired the name of this unique locale in one of Paris's most emblematic spots beside the Champs Elysées halfway between the Arche de Triomphe and the Place de la Concorde.

Man Ray the bar is an homage to mestization, to eclecticism, definitively to creative freedom. And the same zeal for creating a new art fusing painting and photography that Ray put into practice–and which, with the visions of Marcel Duchamps and Francis Picabia, would later found the Dada movement and go on to influence Surrealism–marks the personality of this establishment that has become a reference point and a fashion location in the contemporary Parisian scene.

It is a multi-use space that is by no means small. It mixes styles to create a warmth that is full of personality and flaunts the transgressing lack of respect for the conventional that defined Man Ray's work.

Launched by three stars from the world of film, Johnny Depp, Sean Penn, and John Malkovich, and one from the world of music, Mick Hucknall, the Man Ray was the brainchild of Thierry Kléméniuk. The 21 January 1999 inauguration was at the old site of the first Gaumont movie theater.

The majestic elegance of the location was realized by a world-renowned decorator, Miguel Cancio Martins. Martins was inspired by the North American photographer's universe and has managed to bring off a space that is aesthetically balanced and harmonious, a careful combination of styles ranging from Art Deco to a baroque opulence, passing through an Asian colonialist tinted by the hint of, well, poetry. Gigantic statues, colored glass surfaces and the murmur of gushing fountains are distributed in space. These are what become the dramatis personae of a decoration that shuns the canons marking the aesthetics of most attempts at such needs.

Uno de los personajes más carismáticos e importantes de la historia de la fotografía, el polifacético artista estadounidense Man Ray, da nombre a este singular local situado en uno de los enclaves más emblemáticos de la capital francesa, junto a los Campos Elíseos y a medio camino entre el arco del Triunfo y la plaza de la Concordia.

Man Ray es un homenaje al mestizaje, al eclecticismo, en definitiva a la libertad creativa. Y es que precisamente ese empeño de originar un nuevo arte con la fusión de pintura y fotografía que puso en práctica el artista marca la personalidad de este establecimiento, que se ha convertido en un punto de referencia y en un lugar de moda en la escena parisiense contemporánea.

Se trata de un espacio multifuncional de generosas dimensiones en el que la mezcla de estilos crea un lugar acogedor, cálido y lleno de personalidad y en el que el espíritu transgresor e irrespetuoso con los convencionalismos que siempre definió a Man Ray se respira en todo el local.

Lanzado por tres estrellas del mundo del celuloide –Johnny Deep, Sean Penn, John Malkovich– y una del mundo de la música –Mick Hucknall– y pensado por Thierry Kléméniuk, el Man Ray se inauguró el 21 de enero de 1999 en el lugar que un día acogió el primer cine Gaumont.

La majestuosa elegancia que el local destila es obra de un decorador de renombre internacional, Miguel Cancio Martins, quien inspirándose en el universo del célebre fotógrafo norteamericano ha conseguido un espacio de equilibrada estética a base de una armónica y acertada combinación de estilos: desde el *art déco* hasta la opulencia barroca, pasando por la estética asiática colonial, con un sugerente toque poético. Estatuas gigantes, plafones de vidrio de colores o el murmullo del agua de generosas fuentes se reparten el espacio y se convierten en los protagonistas de una decoración que se aleja de los cánones que marcan la estética de la mayoría de estos locales.

The decoration is Oriental. Asian memories run through the nooks of the Man Ray: great stone figures, hanging lamps, mosaics, fountains, bamboo colonial furniture. The atmosphere created is eclectic, to say the least.

Reminiscencias asiáticas recorren numerosos rincones del local: grandes figuras de piedra, luminarias colgantes, mosaicos, fuentes, bambú o muebles coloniales generan esa atmósfera sosegada y ecléctica que se respira.

The photographs of the renowned versatile North American artist Man Ray which inspire the enterprise are on exhibit on the café's upper floor. The space is intimist, and welcoming. The decorations include low center tables and sofas and armchairs upholstered in yellow or green fabrics with Chinese calligraphy motifs.

Las fotografías del conocido artista norteamericano Man Ray, que da nombre al local, se exponen en el piso superior. Se trata de un espacio intimista y acogedor decorado con mesas bajas de centro y sofás y sillones tapizados de amarillo o verde, cuyos motivos reproducen la caligrafía china.

Larios café

Tomás Alía

Interior designer Interiorista: **Tomás Alía**   Photographer Fotógrafo: **Ricardo Labougle**   Location Localización: **Madrid, España/Spain**   Date of construction Fecha de construcción: **1999**

Is there anything in common between the colorist explosion and creativity of Pop Art, the sobriety of Mies Van der Rohe, the purity of rationalism, the peculiar compositional features of art nouveau, the current vanguard, the industrial style, or aesthetic kitsch? At first sight, perhaps not, but precisely this style mix has served designer and interior decorator Tomás Alia as a source of inspiration for Larios Café. All Ansafra SL Promotores asked of Alia was a multidisciplinary joint that could lend itself to different spaces serving different ends. Alia then went about his work with the joy of absolute creative freedom. The result of this fruitful relationship is something spectacular whose closest reference point is New York's most fashionable watering places.

One façade of the metallic frame supporting the large transparent glass pieces in a marble arch. The methacrylate door welcomes you inside, where 1,200 square meters divided between the basement and the ground floor of a building in the center of Madrid. Yes, Spain. The peculiarity of this space is its generous dimensions. The considerable ceiling height participates in this distribution and organization of the different areas of the establishment.

Flanking the door, a divan upholstered in white leather delimits the foyer. From here traffic forks off in two directions: to the right is a bar and a large room containing the restaurant; to the left, a stairway inviting you down one floor, where a disco has been installed (also accessible from the street).

The fluid lines of the entire space are the main constant. And the uses of each zone are marked off by different architectural solutions. A marble bar is the element that organizes the distribution, penetrating longitudinally into the space and leading to a peaceful area offering food and quiet chats. A white room divider with a mirror and a metal-framed opening prolongs the space connecting with the kitchen. It runs parallel to the main bar, interrupted only by a small stage.

Mestization and eclecticism are a social reality, and Larios Café is all for it. The decor reflects the pluralism of the street, defining the aesthetics of the new millennium.

¿Tienen algo en común la explosión colorista y creativa del pop, la sobriedad de Mies Van der Rohe, la pureza del racionalismo, los peculiares rasgos compositivos del *art nouveau*, la vanguardia actual, el estilo industrial o la estética *kisch*? A simple vista podría parecer que no, pero ha sido precisamente este mestizaje de estilos lo que ha servido al diseñador e interiorista Tomás Alía de fuente de inspiración al enfrentarse al diseño del Larios Café. Lo único que la empresa Ansafra SL Promotores demandó a Alía fue un lugar multidisciplinar que pudiera acoger diversos espacios destinados a diferentes usos. Para su ejecución, el interiorista gozó de absoluta libertad creativa. El resultado de esta fructífera relación ha sido un local espectacular que tiene como referente más cercano los locales neoyorquinos más de moda.

Una fachada de estructura metálica que soporta grandes vidrios transparentes con un arco de mármol y puerta de metacrilato da la bienvenida al local, que ocupa una superficie de 1.200 m² repartidos entre un sótano y una planta a pie de calle de un edificio situado en pleno centro de Madrid. La particularidad del espacio son sus generosas dimensiones, además de la altura considerable de los techos, que marcaron la distribución y organización de las diferentes áreas del establecimiento.

Franqueada la entrada, un diván tapizado con cuero blanco delimita el área destinada a vestíbulo a partir de la cual se articulan los recorridos hacia las diferentes zonas en dos direcciones: hacia la derecha queda la barra y una gran sala destinada a restaurante; hacia la izquierda, una escalera invita a descender a la planta inferior, en la que se ha ubicado una discoteca –que además cuenta con otra entrada desde la calle–.

La fluidez espacial es constante y los usos de cada zona están delimitados por soluciones arquitectónicas concretas. Una barra de mármol organiza la distribución, ya que penetra longitudinalmente en el local y conduce a un área tranquila en la que se puede comer algo y charlar con calma. Un tabique blanco, en el que se ha colgado un espejo y se ha abierto un vano enmarcado de metal, prolonga un espacio que conecta con la cocina y corre paralelo a la barra principal y que solamente interrumpido por un espacio destinado a un pequeño escenario.

El mestizaje y el eclecticismo son una realidad social y el Larios Café la reivindica reflejando en su decoración la pluralidad que se vive en la calle y que define la estética del nuevo milenio.

Stylistic concessions filled with imagination and color define a flowing space whose distribution and organization are marked by the excessive ceiling height and the generally oversize room.

Concesiones estilísticas llenas de imaginación y color definen un espacio fluido cuya distribución y organización viene marcada por la altura excesiva y las generosas dimensiones que posee.

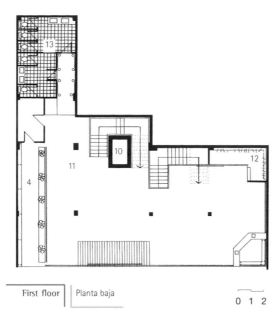

1. Access door
2. Bar
3. Curved wood bar
4. Stage
5. Dining room
6. Kitchen
7. Store room
8. Dressing rooms
9. Offices
10. Cabin
11. Disco
12. Checkroom
13. Restrooms

1. Acceso
2. Bar
3. Barra
4. Escenario
5. Comedor
6. Cocina
7. Almacén
8. Vestuarios
9. Oficinas
10. Cabina
11. Discoteca
12. Guardarropa
13. Aseos

Basement | Planta sótano

First floor | Planta baja

0 1 2

pelican

Six Degrees Pty Ltd.

Architects Arquitectos: **Six Degrees Pty Ltd.** Photographer Fotógrafo: **Shania Shegedyn** Location Localización: **Melbourne, Australia** Date of construction Fecha de construcción: **1999**

The corner between a residential street and one of the most bustling avenues of Melbourne Bay is the site of this café-bar-restaurant, and it is precisely this unique location that sets off the architectural bodies and delineates the peculiar forms of the establishment.

At fist sight, the sensation produced by the Pelican is that of an old-fashioned train compartment. Six Degrees Pty Ltd architectural studio and those who keep it moving decided that instead of fighting against the building's spatial particulars–technically capable of making trouble for those designing the future installations–they would make positive attributes of them. The final result shows that the decision paid off: what emerges is an enormously attractive café with its own special personality. It combines equal parts of contemporary solutions and styles inspired on the past.

From the exterior, oversize circular windows running along the façade represent a powerful visual attraction. At the same time, the windows make it possible for those seated inside the café to observe the people passing along the street. These big big round windows frame a half-enclosed area providing access to the premises and act as a bridge between the street and the interior. The decoration inside is quiet and discrete, and allusions can be caught not only to the outside environs but also to times past... The ceilings, done in fabric in order to control the Pelican's acoustics, come to represent a no longer existing opulence. The tiles of the service area and the kitchen are extracted from the ocean: and the pieces created in colored glass are an abstract allusion to the city's skyscrapers–visible from the bay.

This handcrafted glass is also reminiscent of the small fishing vessels that sailed in the area more than 50 years ago.

The Pelican is a warm space that balances present and past and creates a relaxed, easygoing space.

La esquina entre una calle residencial y una de las avenidas más bulliciosas de la bahía de Melbourne acoge este café, bar y restaurante, y es precisamente esa singular ubicación la que marca los volúmenes arquitectónicos y dibuja las peculiares formas del establecimiento.

A primera vista, la sensación que produce el local es la de en un vagón de tren como los de antaño. Los responsables del proyecto, el estudio de arquitectura Six Degrees, en vez de luchar contra las particularidades espaciales del inmueble, que en un principio podían ocasionar algún problema a la hora de diseñar las futuras instalaciones, decidieron potenciarlas y convertirlas en atributos. El resultado final demuestra que no iban desencaminados, ya se ha conseguido un café de enorme atractivo y personalidad con un estilo propio que combina a partes iguales soluciones actuales con algunos elementos inspirados en estilos de épocas pasadas.

Desde el exterior, generosas aberturas circulares que recorren toda la fachada llaman poderosamente la atención y permiten que los que se encuentran sentados en esta área del café puedan observar a los transeúntes que pasan por la calle y viceversa. Estas enormes ventanas circulares enmarcan una zona semicubierta que facilita el acceso al local y hace de puente entre la calle y el interior del café. Dentro, la decoración es sobria y discreta...

Los techos, recubiertos de tela de manera que puedan controlarse los niveles de sonido en el espacio, vienen a representar una vieja opulencia ahora ya inexistente. Las baldosas del área de servicios y de la cocina son un extracto del mar, y los elementos modelados con cristal coloreado, una referencia abstracta a los rascacielos de la ciudad que se divisan desde la bahía. Este vidrio artesanal recuerda también la vista de las pequeñas embarcaciones pesqueras que hace más de 50 años recorrían la zona.

Pelican es un espacio acogedor en el que el equilibrio entre pasado y presente crea una atmósfera sosegada y agradable.

The idea for these huge openings is inspired on northern Australian terraces and makes for a kind of voyeuristic view of the clientele.

La idea de diseñar estas ventanas gigantes circulares se inspira en las terrazas del norte de Australia, y rescata el concepto de un cierto *vouyerismo* a la hora observar la privacidad de los clientes del café.

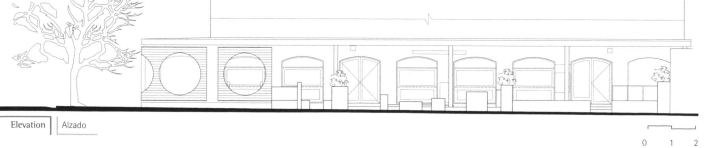

Elevation | Alzado

0 1 2

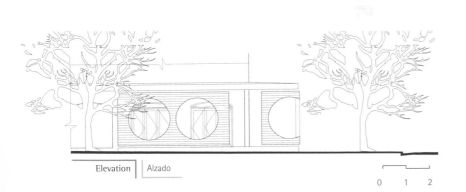

Elevation | Alzado

0 1 2

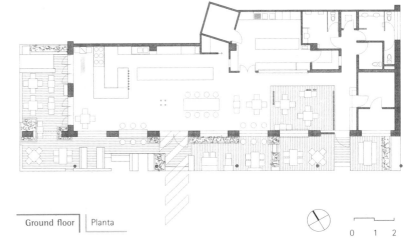

Ground floor | Planta

0 1 2

café zero

Fletcher Priest Architects

Architects Arquitectos: **Fletcher Priest Architects** Photographer Fotógrafo: **Chris Gascoigne/View** Location Localización: **London, UK/Londres, Gran Bretaña**
Date of construction Fecha de construcción: **1999**

Installed in a privileged and strategic enclave on the ground floor of Tower 42, one of London's highest buildings, Café Zero is not only a spot that is sensitive to the reality of the world of the business activities taking place in the same edifice that houses it and its environs. It is also a space for meetings, for quiet talks, for business get-togethers or simply for relaxing behind a good cup of coffee.

The café owes its name to the number of the floor it occupies in the colossal high–rise, only the first part of an innovative urbanistic and architectural scheme that Fletcher Priest Architects have planned. This will affect the whole area and include new buildings, rehabilitations, and reforms to convert the perimeter into one of the most active of the zone.

Café Zero, open both to tenants and the general public, is Tower 42's front door. This means a truly public space whose design reconfigures the setting while simultaneously individualizing it and creating an opening out. It is a fluid link between inside and outside and provides the public with direct access to the elevators. With a seating capacity of 150, the functional and avant-gardist aesthetic that pervades manages to captivate anyone that crosses its threshold, day or night. Its distribution centers on the service area, in the literal physical center of the space and where suggestive curving masses were designed to emulate those of the original structure. The cafeteria-bar is framed to include the load-bearing columns of the tower, tracing a simple flowing space without visual clutter and allowing the bar service to stand out.

Besides taking maximum care of the spatial organization, where linear and geometrical bodies take on a relevant role against the backdrop of the external structure's curves, great attention has also been given to the selection of materials, textures, and tones. All of the solutions used go into creating a warm space, something contemporary and amenable to the pleasantly spent moment.

Situado en un enclave estratégico y privilegiado, los bajos de la Torre 42 –uno de los edificios más altos de la ciudad de Londres–, el Café Zero no es sólo un lugar sensible a la realidad del mundo de los negocios que se vive en la propia torre o en los edificios colindantes. Es, además, un espacio destinado a la reunión, a la charla tranquila o simplemente al descanso ante una buena taza de café.

El establecimiento, que debe su nombre al número de planta de ocupa en el colosal inmueble, es sólo la primera parte de un innovador plan urbanístico y arquitectónico que el estudio Fletcher Priest Architects ha diseñado. El proyecto afectará a toda esta área e incluye nuevas construcciones, rehabilitaciones y reformas con el fin de convertir este perímetro en uno de los más activos de la zona.

El local, abierto tanto a los inquilinos de la torre como al público en general, conforma la entrada al rascacielos. Se trata de un espacio verdaderamente público cuyo diseño reconfigura el entorno a la vez que lo individualiza y origina un lugar abierto. Es un enlace que comunica de una manera fluida interior y exterior a la vez que provee al público de un acceso directo al nivel en el que se hallan los ascensores. Con una capacidad para 150 personas, la estética funcional y vanguardista que reina en el local consigue cautivar a todo aquel que cruza sus puertas a lo largo del día o de la noche. Su distribución se planteó a partir del área de servicios, que se situó en el centro físico del espacio y en la que las sugerentes líneas curvas de su volumen han querido emular el diseño del edificio original. La estructura del café bar envuelve las columnas existentes dibujando un espacio fluido simple, sin trabas visuales, en el que la zona destinada a barra y servicio queda fácilmente identificada.

Además de cuidar al máximo la organización espacial, en la que los volúmenes lineales y geométricos adquieren un protagonismo relevante en contraposición a las líneas más suaves de la estructura exterior de la torre, se ha prestado gran atención a la elección de materiales, texturas y tonalidades.

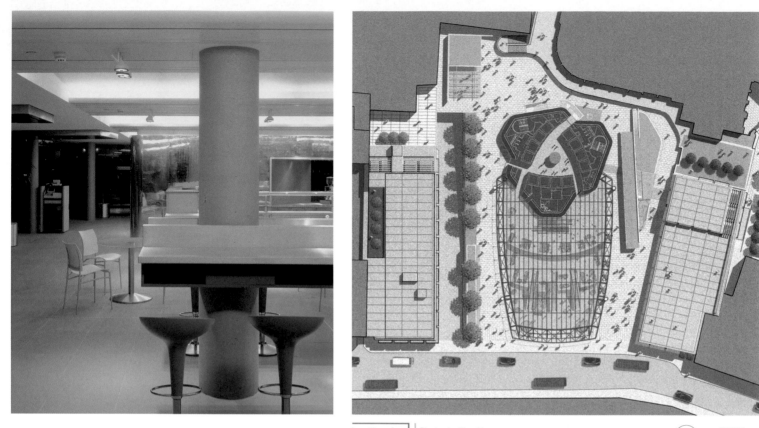

The columns that are distributed through the bay are finished in fibrous plaster and specially painted. Contrasting with this are the interior walls of polished plaster.

Las columnas que se distribuyen por todo el local se han revestido con un acabado de yeso fibroso y una pintura especial. En cambio, en los muros interiores se ha utilizado yeso pulido.

Location plan | Planta de situación

0 1 2

The original lighting was replaced by adjustable, low-voltage white halogen lamps. The recessed ceiling spots direct a stronger light that accentuates the decorative elements.

La iluminación existente fue suplantada con una luz blanca halógena de bajo voltaje ajustable y los huecos en el techo se emplean para luz dirigida más potente que acentúa los elementos decorativos empleados.

Elevation | Alzado

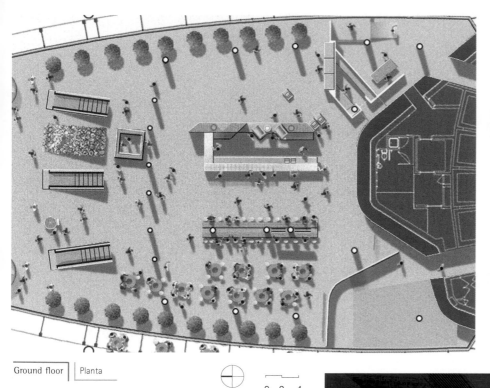

Ground floor | Planta

0 2 4

A long counter with a glass top has food displays, both cold and hot. A stainless steel wall with a copper mirror has two coffee machines, and apertures leading to the rest rooms and the storeroom.

Un largo mostrador con sobre de cristal presenta al público los alimentos, tanto fríos como calientes. Y un muro de acero inoxidable revestido con un espejo de cobre contiene los servicios, el almacén y dos máquinas de café.

La sastrería

Tomás Alía

Interior designer Interiorista: **Tomás Alía**   Photographer Fotógrafo: **Antonio Beas**   Location Localización: **Madrid, Spain/España**   Date of construction Fecha de construcción: **1997**

For years this was the home of a shop that made uniforms for post office workers. Today, it is a designer café in one of Madrid's hippest areas, the Chueca Quarter.

The décor is, doubtlessly, among the most original in the city. The refurbishing job carried out on the place was dedicated to maintaining no mere few samples of the tailor's trade. Staying most faithful to the old days was one of the aims proposed by interior decorator Tomás Alia, who carried out the conscientious renewal.

The state of the old shop prior to the reform work was, in a word, bad. But the installations offered attractive possibilities by way of the enormous supply of material that could be put to use and numerous curious elements that would later go into the new décor.

The owners wanted to create a café like everybody remembers, those same old good ones, but at the same time they wanted a versatile space that could also be used as your local evening bar or that offered meals, even.

The result is a two-story café with the right classical touch that does not relinquish a certain avant-garde snobbishness. It works to the rhythm of canned soul and pop, but the music doesn't hold back the lively conversation among friends sampling the house specialties or sipping at about any variety of coffee you can name.

The first phase of the refurbishment restructured the base, redefined the frame and the spatial distribution, and soundproofed the whole. New interior decoration came next: the ceilings were painted, the walls and moldings, and the original elements were recovered and assigned new uses without destroying their old forms. The bar's theme is even visible in the uniforms of the waitresses and waiters–incorporating traditional sleeve-garters and tape measures–and in setting the serving norms.

Durante años, las paredes de este local albergaron una antigua sastreria en la que se confeccionaban los uniformes para los trabajadores de Correos. Hoy es un café a medida ubicado en una de las zonas más de moda de la capital: el barrio de Chueca.

Su decoración es, sin duda, una de las más originales de Madrid, ya que la remodelación practicada en el local se ha encargado de mantener considerables muestras de su actividad original. Conservar de la manera más fiel la atmósfera de antaño fue uno de los objetivos que se propuso el responsable de esta concienzuda rehabilitación, el interiorista Tomás Alía.

El estado que presentaba el local antes de la reforma era lamentable; sin embargo, sus instalaciones ofrecían atractivas posibilidades al disponer de una enorme cantidad de material aprovechable y numerosos elementos curiosos que podrían emplearse en su decoración posterior.

Los propietarios quisieron crear un café como los de antes, como los de toda la vida, pero que a la vez fuese un espacio versátil que pudiera utilizarse también como bar de copas de noche o que ofreciera la posibilidad de servir comidas.

El resultado es un establecimiento de dos plantas con un acertado toque clásico que no renuncia a ciertos aires vanguardistas; funciona a ritmo de soul y pop ambiental, pero la música no impide la charla animada con los amigos mientras se degusta alguna de las especialidades de la casa o se toma cualquier variedad de café.

Las primeras obras se encargaron de reestructurar la base, redefinir las estructuras y la distribución espacial e insonorizar el local. Después se llevó a cabo la decoración de los interiores: se pintaron los techos, las paredes y las molduras, y se recuperaron los elementos originales otorgándoles un nuevo uso sin olvidar la función para la que nacieron. La temática del local ha servido incluso a la hora de vestir a los camareros –que incluyen en su vestuario los tradicionales manguitos o el metro, piezas básicas para cualquier sastre clásico que se precie– o para imponer las pautas de servicio.

The large bar organizing the space was formerly a display counter. The display windows previously used for clothing now count on sewing elements. The original closets are decorated with clothes hangers that serve clients in lieu of a checkroom.

La gran barra que organiza el espacio era el antiguo mostrador. Las vitrinas que exponían el género muestran ahora numerosos elementos del mundo de la costura y en las estanterías originales se han dispuesto perchas para que los clientes pueden colgar sus prendas de abrigo.

Tomás Alia took advantage of a good number of decorative resources that were among the ruins of the old tailor's shop. The ornamental ploy has made a series of sculptural montages of these elements.

Tomás Alía sacó partido a un buen número de objetos y elementos decorativos que quedaron entre las ruinas de la antigua sastrería. El ingenio y estilo empleados para esta decoración han logrado que los elementos expuestos se conviertan en algo así como montajes escultóricos.

favorit

Graven Images Ltd.

Architects Arquitectos: **Graven Images Ltd.** Photographer Fotógrafo: **Michael Jones** Location Localización: **Edinburgh, UK/Edimburgo, Reino Unido** Date of construction Fecha de construcción: **1998**

An homage to the Italian cafés in Edinburgh, but also clearly in keeping with the essential New York flavor and an allusion to the traditional cafés in Eastern Europe. That sums up the Favorit, a café, a bar, a restaurant in the center of the city, right on the corner of one of Edinburgh's busiest streets.

Open from the wee hours and closing in the wee hours, something not all that common in this type of place in the United Kingdom, the establishment was born of the idea of being a space capable of serving clients whatever they required at all times of the day, thus turning into something like a social center, a place where people can get together and chat, have refreshments, be with friends.... The false impression of chaos you might get on entering lessens when you see the distribution of the Favorit's different areas and their organization. Everything is neat, tidy: element by element, the cafeteria becomes a space of its own with nothing out of place. The establishment distributes space so that each activity has its own room. The big service area that originates at the bar is the organizer. Throughout the Favorit, shelves and show windows exhibit products that are on sale or can be eaten or drunk on the premises, and into these spaces come tables, chairs, stools and benches.

The Favorit conflates styles, textures, colors, in a way that is trendy and contemporary, frank, and of an enormous stylistic freshness. This Pop touch is managed thanks to the use of materials like vinyl, leather, laminated wood, glass, mosaic... A quick palette dashes from wall to wall, with ornamentation maintaining the pace. Corporate style design and product packaging comprise part of the décor and call the visitor's attention. Those responsible for the interior architecture and the graphic design hail to the name of Graven Images. Their solutions provide an agreeable setting where all kinds of contrasts bring off an attractive favorit(e) kind of place, warm, relaxing, breathing the air of potential long sits over an aromatic coffee, talking, eating...

Un homenaje a los cafés italianos de Edimburgo pero con algo de esencia neoyorquina y una clara alusión a los tradicionales cafés del este de Europa; así es el Favorit, un café, bar y restaurante situado en el centro de la ciudad, justo en la esquina en la que confluyen una residencia estudiantes y una de las calles más transitadas de Edimburgo.

Abierto desde bien temprano hasta altas horas de la noche, horario bastante inusual en este tipo de locales británicos, el establecimiento nació con la idea de ser un espacio capaz de proveer a sus clientes de las necesidades que requirieran en todo momento, con lo que se ha convertido casi en un centro social donde reunirse, charlar, tomar algo, estar con los amigos...

La falsa impresión de caos que puede tenerse a primera vista se diluye cuando se observa la distribución de las diferentes zonas del establecimiento y su organización. Todo está perfectamente ubicado y cada uno de los elementos que componen la cafetería dispone de un espacio propio para que todo esté siempre en su lugar. La distribución establecida permite que un único espacio acoja actividades diferentes. La gran zona de servicios –que incluye la barra– marca la organización espacial. Por todo el local, estanterías y vitrinas exponen los productos que están a la venta o que pueden consumirse en el propio establecimiento.

El Favorit mezcla estilos, texturas y colores de una manera acertada y consigue un ambiente actual y desenfadado. Este toque pop que destila el café se logra gracias al empleo de materiales como el vinilo, la piel, el laminado de madera, el vidrio, el mosaico... Asimismo, la alegre paleta cromática que recorre tanto los elementos decorativos como el diseño corporativo y los productos de *packaging* –que irremediablemente forman parte importante de la decoración– llama la atención del visitante. Graven Images, los responsables del interiorismo y el diseño gráfico, han logrado con las soluciones empleadas dibujar un espacio en el que los contrastes de todo tipo potencian el atractivo del local.

The eclecticism and style blend provide the keys to success in this establishment. It is inspired on an international mélange as different as New York delis, Italian cafés, Eastern European cafés turned into a totally new place, contemporary and with a cut of its own.

El eclecticismo y la mezcla de estilos son la clave del éxito de este establecimiento, que se inspira en locales de diferentes países como los *deli* neoyorquinos, las cafeterías italianas o los tradicionales cafés europeos para dibujar un lugar totalmente nuevo, actual y con estilo propio.

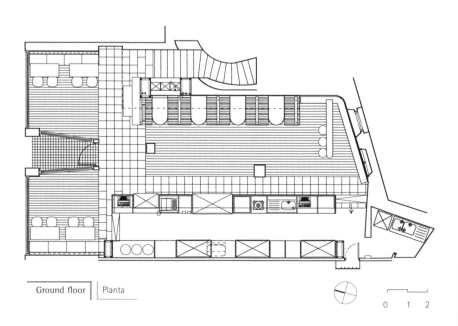

Ground floor | Planta

0   1   2

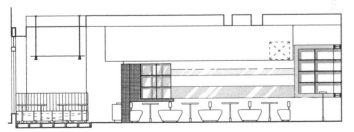

Sections | Secciones

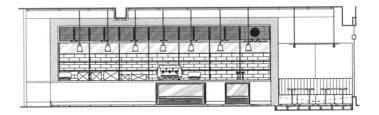

0   1   2

sitio

Javier Alfaro Bernal

Architect Arquitecto: **Javier Alfaro Bernal** Photographer Fotógrafo: **Alfonso Perkaz** Location Localización: **Pamplona, Spain/España** Date of construction Fecha de construcción: **1998**

The team organized by architect Javier Alfaro to develop installations for Sitio–place, or location, in Spanish–on the ground floor of a building in the historic center of Pamplona looked on the project as one of restoring memorabilia.

Architecturally, decoratively, the solutions were about regaining a classical 60s space that worked stylistically on the basis of determined language codes.

The usable surface area was nearly 109 square meters. This had to be divided among one area used as a lounge, another as a barroom, then rest rooms, a storage closet, an entranceway. The new program kept to a structure very similar to what was already there. What varied was the distribution of the rest rooms, adapting them for physically challenged people.

The care taken with an element as voluminous as the bar–right in the physical center of the establishment–defines Sitio's whole spatial conception, which organizes and conditions on its own.

Two large boxes define the conformation, influencing in the materials as well as the treatment they receive. The ceilings and walls of the uppermost box are totally smooth and have been painted silver. The lower piece, on the other hand, is in rough-textured Gravicolor, and in dark tones that visually absorb the central element.

The façade and the lavatory walls are incorporated into the space through the use of wood superimposed on the panels, both interior and exterior. The lighting, at times concealed, becomes a major effect in setting off the boxes. The prime device making this possible was, as implied, concealing the spots shooting indirect rays ceilingward in the plasterboard. The same effect directs light toward the floor to bring out the second volume.

It is a superb exercise in renewal of a space, a place, a memory function: the 60s...

Capitaneado por el arquitecto Javier Alfaro, el equipo responsable de dar forma a este local situado en la planta baja de un edificio del centro histórico pamplonés concibió este proyecto como la rehabilitación de un lugar con historia propia, con memoria.

Las soluciones arquitectónicas y decorativas empleadas se enfocaron a fin de permitir la recuperación de un espacio clásico de los años sesenta que funcionaba, en cuanto a actuación estilística se refiere, a partir de códigos de lenguaje determinados.

La superficie útil disponible era de casi 109 m², que debían repartirse entre una zona pública y otra de barra, los aseos, un pequeño almacén y la entrada. El nuevo programa mantuvo una estructura muy similar a la existente, ya que sólo se varió la distribución de los baños, a fin de adaptarlos a la movilidad de personas disminuidas, y se incorporó una rampa en la entrada con el mismo fin.

El respeto a un elemento volumétrico tan sobresaliente como es la barra –situada en el centro físico del local– define la concepción espacial de Sitio. Este volumen se encarga de organizar el espacio y condiciona la totalidad de la estancia.

Dos cajas macladas definen la forma del establecimiento e influyen en los tratamientos y materiales empleados. Techos y tabicas, que dibujan la caja superior, son totalmente lisos y se han pintado de color plata. En cambio, para la caja inferior se ha optado por texturas rugosas, gravicolor y tonalidades oscuras que absorben, aunque sólo sea visualmente, el elemento central.

Los elementos transversales como la fachada o los tabiques de los baños se incorporan en el espacio al emplear madera superpuesta en la tabiquería tanto interior como exterior. La luz, que se oculta en ocasiones, se torna imprescindible al insinuar las dos cajas. La solución empleada para que esto sea posible fue ocultar focos de luz indirecta dirigidos hacia el techo en la tabiquería de escayola, así como luz indirecta orientada hacia el suelo.

El resultado de esta intervención es un soberbio ejercicio de rehabilitación que permite dibujar un espacio, un sitio, que recupera la memoria de su función: los años sesenta.

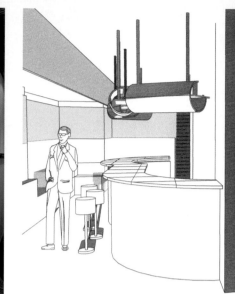
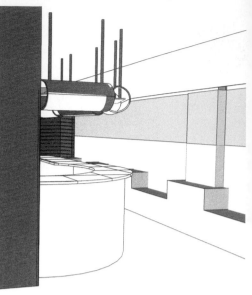

The façade is on two levels. The lower story is doubly insulated and covered in wood; the upper story is set back and decorated has a screen facing. Only three small lighted windows and the name interrupt the continuity of the wooden panels.

La fachada se realiza en dos niveles, uno inferior con cámara y aislamiento para el que se emplea una piel de madera superpuesta, y otro superior enrejillado y retranqueado. Sólo tres pequeñas aberturas iluminadas y las letras rompen la continuidad de los paneles de madera.

1. Entrance	1. Entrada
2. Bar	2. Barra
3. Lounge	3. Zona de público
4. Rest rooms	4. Aseos
5. Storage closet	5. Almacén

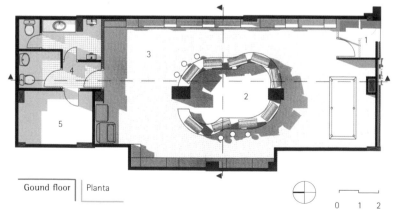

Gound floor | Planta

0   1   2

The lavatories were redistributed, expanded, and redefined in order to make access easier for the physically challenged. The access wall, like the some of the façades, including the main one, is in wood. It contrasts with the other materials used in the walls, the floors, and the interior ceilings and the rest rooms.

Los baños se redistribuyeron, ampliaron y redefinieron a fin de adaptarlos a las necesidades de personas con movilidad reducida. La pared de acceso a los servicios se ha resuelto, igual que la fachada y algunos frontales, en madera, que contrasta con los materiales utilizados para revestir las paredes, los suelos y techos del interior y con los sanitarios.

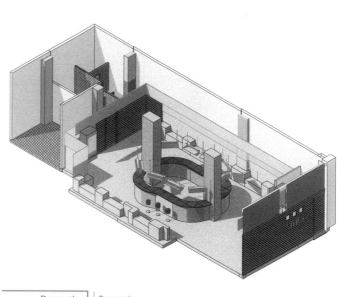

Perspective | Perspectiva

Section | Sección

sambal café

Tony Chi

Architect Arquitecto: **Tony Chi** Photographer Fotógrafo: **Pep Escoda** Location Localización: **Miami, US/Estados Unidos** Date of construction Fecha de construcción: **2000**

A subtle Oriental elegance blended with Occidental airs runs through the different rooms of the Sambal Café. An agreeable mestizo aesthetic defines this establishment located inside the Hotel Mandarin Oriental, in one of the most prestigious residential and business zones of Miami.

The person responsible for the interiors is Tony Chi, who has very successfully given the place its personality by using a singular style mix.

The name of the café comes from a piquant gum of one of the species most commonly used in Indonesia, Malaysia, and southern India. It is precisely these Asian zones, in fact, and others, that inspired Chi at the hour of drawing up plans for the interiors, which use ideas from faraway countries combined with the most contemporary and avant-gardist trends. The café has been organized in such a way as to have the space adapt itself for the most diverse activities. A zone has been created with a more distended, informal aspect for use as a café in conjunction with another, more intimate and elegant part in which the restaurant has been placed.

The richness of the materials selected includes such noble staples as marble and wood combined with others of more industrial appearance, such as stainless steel and glass. The eclectic, mestizo aesthetic of the interiors makes some parts of the place appear of enormous theatricality, with East meeting West to blend spaces of great visual attraction.

The dark colors of some of the decorative elements and that of some of the furniture are nuanced with a well-chosen lighting. There are also neutral brushstrokes of different textures as different as the cold marble against warm wood, or a waterfall in the stairwell, or the arrangement of flowers throughout the café.

A successful combination of everything has brought about a warm setting, intimist and welcoming. The Sambal is the ideal place to enjoy yourself over a good cup of coffee at any time of the day

Una sutil elegancia oriental tamizada con aires occidentales recorre las diferentes áreas que conforman el Sambal Café. Una agradable estética mestiza define este establecimiento, ubicado en el interior del Hotel Mandarin Oriental, en una de las zonas residenciales y comerciales más prestigiosas de Miami.

El responsable del diseño de sus interiores es Tony Chi, quien ha sabido imprimir gran personalidad en el local gracias a la singular mezcla de estilos que en él ha experimentado.

El nombre del café corresponde a una de las especias más utilizadas en la condimentación de los platos de Indonesia, Malasia y la India meridional, y es precisamente en estas y otras zonas orientales en las que se ha inspirado Chi a la hora de proyectar sus interiores, en los que los recursos procedentes de países exóticos se combinan con las tendencias más actuales y vanguardistas.

El local se ha organizado de forma que puedan llevarse a cabo distintas actividades. Se ha creado una zona con un aspecto más distendido e informal que se utiliza como café, y otra más íntima y elegante destinada a restaurante.

La riqueza a la hora de elegir los materiales permite que componentes nobles como el mármol o la madera se combinen con otros de apariencia más industrial, como el acero inoxidable o el vidrio. La estética ecléctica y mestiza que destilan sus interiores consigue en algunos rincones una apariencia de enorme teatralidad en la que Oriente y Occidente confluyen para dar lugar a espacios de gran atractivo visual.

Los colores oscuros de algunos elementos decorativos así como de algunas piezas de mobiliario se matizan con una correcta y suave iluminación, con pinceladas de toques cromáticos neutros, texturas tan diferentes entre ellas como las del frío mármol, la cálida madera, los arreglos florales repartidos por todo el local o la cascada de agua que se ha instalado aprovechando el hueco de la escalera.

Una combinación acertada que dibuja una atmósfera cálida, intimista y acogedora.

The coldness of the minimalism is reduced through the combination of materials and textures, which, theoretically, might appear as opposites yet in reality mix easily.

La frialdad del minimalismo se torna cálida al combinarse materiales y texturas que en un principio podrían parecer antagónicos y cuya mezcla fluye sin complicaciones.

In the center of the space is an attractive double-flight staircase leading to the second floor. It is a heavy piece, made somewhat lighter in appearance by the metal handrail and the waterfall falling from it to provide a cozier touch.

En el centro del espacio se ha situado una atractiva escalera a doble cara que conduce al piso superior. La barandilla de metal y las piscinas que llena el agua que cae de la base de la misma escalera suavizan la pesadez de este volumen y consiguen gran calidez..

wilhelm greil café

Dietrich|Untertrifaller Architekten

Architects Arquitectos: **Dietrich|Untertrifaller Architekten** Photographer Fotógrafo: **Ignacio Martínez** Location Localización: **Innsbruck, Austria** Date of construction Fecha de construcción: **1999**

The early twentieth-century neo-baroque façade of a house located in the historical center of Innsbruck, Austria conceals in its interior the Wilhelm Greil café-bar.

The tiny (40 square meters) dimensions do not detract from the well-equipped attractiveness. It is, indeed, a squarish establishment, and it even squeezes together at the end with a slight change in grade, a peculiarity that has been used to great advantage by dividing it into two distinct areas. One of these is the space used as cafeteria-bar, which uses only a few tables in the intimist, unmassified design. The other is a smaller space, coinciding with the narrower part of the squeeze and used for the lavatories and a small storeroom. This part is reached by a five-step stair used to hide the difference in grade.

The sense of flowing space that greets the visitor at the door continues: the café itself. To give the impression of space, the central area has been left open and the counter runs parallel to the tables and chairs. This not only gains space but also draws the square visually into a rectangle. The intimacy of the inside of the café is achieved by the use of beveled glass to partially cover the façade. Thus, from the street it is impossible to see what is happening inside the premises, yet the natural light from the street provides illumination. A panel right in front of the main large archway camouflages part of the bar; a second panel, right at the front door, separates the premises from the street.

The major protagonist here are, without any doubt, order and symmetry. Both are clearly perceived throughout the Wilhelm Greil, and both are clearly needed. Otherwise, taking into account the real dimensions, the café would appear to be even smaller than it is and the result would be chaos. All of this is perfectly calculated to achieve the desired effect: the architecture and the decorative resources bring off a flowing sensation that invades every nook and cranny.

Homogeneity, good intentions, and a knowing combination of solutions are the key to the successful intervention.

A careful selection of noble materials, like the wood used in the furniture as well as the floor; and the neutral tones in the walls, giving off more light; plus the dark walls in the upholstery, the bar front, and some of the ornaments are the secrets behind the particular atmosphere in the Wilhelm Greil. These elements are further aided by an attractive combination of textures and careful lighting.

A relaxed, welcoming space. Its proposal is that everyone that crosses its threshold should enjoy a good cup of coffee in pleasant company. This is the greatest luxury that this simple, extremely personable establishment can offer.

La fachada neobarroca de una casa situada en el centro histórico de Innsbruck esconde las instalaciones del Wilhelm Greil Café.

Las reducidas dimensiones del espacio, 40 m², no impiden que sea un atractivo establecimiento perfectamente equipado. Presenta una planta relativamente cuadrada que se estrecha conforme se avanza hacia el interior, donde aparece un pequeño desnivel, particularidad que se ha aprovechado para establecer dos zonas claramente diferenciadas. Por un lado, un espacio destinado a cafetería y bar, en el que las pocas mesas que hay configuran un ambiente intimista y poco masificado; y, por otro, una zona más pequeña, que coincide con la parte más estrecha del local, reservada a los servicios y un pequeño almacén. A esta área se accede mediante cinco escalones que disimulan el pequeño desnivel existente.

Al entrar, el visitante se encuentra con una estancia fluida y continua. Con el fin de ampliar visualmente el espacio, se ha optado por dejar el centro libre y situar la barra paralela a las mesas. La intimidad de los usuarios se salvaguarda gracias al empleo de cristal translúcido en la fachada del edificio, recurso que además permite aprovechar la luz natural que proviene del exterior. Un panel situado precisamente delante de la gran arcada principal oculta la barra y otro, colocado justo ante la puerta de entrada, sirve de separador entre el recinto y la calle.

Los protagonistas principales del espacio son, sin duda, el orden y la simetría. Ambos imperan en todo el local y son necesarios, ya que de otro modo y teniendo en cuenta sus dimensiones el establecimiento parecería aún más pequeño de lo que es. Todo está perfectamente calculado para lograr el efecto deseado; las soluciones arquitectónicas y los recursos decorativos consiguen que la fluidez invada todos los rincones. Homogeneidad, buenas intenciones y una sabia combinación de propuestas son la clave del éxito.

Una cuidada selección de materiales nobles como la madera, empleada tanto en las piezas de mobiliario como para revestir el suelo, tonalidades neutras para las paredes y colores oscuros para el tapizado de los asientos, el frontal de la barra y algunos objetos decorativos, una atractiva combinación de texturas y una acertada iluminación son los responsables de esa particular atmósfera que el Wilhelm Greil Café respira.

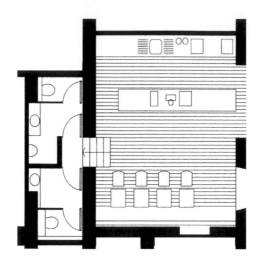

The panel of medium height in translucent glass has a double function: to create intimacy and to use the natural light.

El panel de cristal traslúcido a media altura situado en la puerta de entrada tiene una doble función: preservar la intimidad y aprovechar la luz natural.

0   1   2

Ground floor | Planta

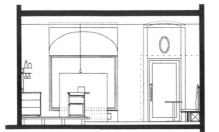

Cross section | Sección transversal

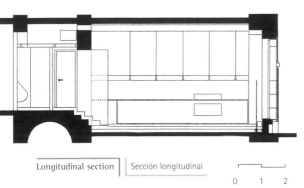

Longitudinal section | Sección longitudinal

0 1 2

Special attention has been given to the interior decoration through the use of a suggestive color scheme as well as imaginative textures and materials.

Los escasos 40 m² no impiden que el espacio disponga de todo lujo de detalles, dentro de un marco en el que se ha empleado una sugerente combinación tanto cromática como de materiales y texturas.

cafetería del parlamento europeo

Architecture Studio

Architects Arquitectos: **Architecture Studio** Photographer Fotógrafo: **George Fessy** Location Localización: **Strasbourg, France/Estrasburgo, Francia** Date of construction Fecha de construcción: **1991-1998**

The siting for the European Parliament headquarters inevitably marked its architectural structure. The Herculean building is in the historic center of Strasbourg with the Vosges on one side and the Black Forest on the other, in the junction of the Marne and the Rhine. The job of shaping this large scale project went to Architecture Studio, a group of professionals who faced up to the challenge of a building that would represent the idea of democracy in movement, of the Europe of the future, of freedom, of peace, and of strong but deliberative power. In other words, it was a question of designing a space capable of transmitting an entire series of values and concepts in a single moment. Constructing in 220,000 square meters whose form would translate the idea of dialogue, debate, and openness without falling into an architecture that appeared totalitarian was no easy job.

Located in the most public part of the building–inside the hemicycle–and sharing space with the zones assigned to the press and other infrastructures dedicated to the restaurant trade, the cafeteria maintains the conciliatory spirit, timeless and functional, of the rest of the rooms in the building. A reined-in and eclectic combination of textures and materials, and an interplay of color and styles bring about the miracle: repetition of the subtle dynamic between interior and exterior spaces, between the full and the empty.

The cafeteria, chock full of attractive concessions to color and imagination, enjoys a flowing communication with the rest of the rooms. The fine spatial organization, with separate accesses and precisely defined functions, overlaps and crisscrosses the many paths back and forth across each other in a system that is at one and the same time complex and fluid, yet never conflictive.

Among interiors dominated by a sober choice of materials, the neutral colors, and the minimalism, what stands out most powerfully is the green floor. It is dotted with red and yellow flowers and its contrast with the large scale of the other elements brings the space a suggestive bucolic image.

La elección del enclave en el que debía ubicarse la sede del Parlamento Europeo marcó inevitablemente su estructura arquitectónica. El hercúleo edificio se halla en el centro histórico de Estrasburgo con los Vosgos a un lado y la Selva Negra al otro, en el cruce del canal del Marne y el Rhin. Los encargados de dar forma a esta obra de gran envergadura fueron Architecture Studio, un grupo de profesionales que se enfrentaron al desafío de proyectar un edificio que debía representar la idea de democracia en movimiento, de Europa en devenir, de libertad, de paz y de poder fuerte pero deliberativo. Es decir, se trataba de diseñar un espacio capaz de transmitir toda una serie valores y conceptos de una sola vez. Construir 220.000 m² que tradujeran en sus formas la idea de diálogo, debate y apertura, y a la vez evitar caer en una arquitectura con apariencia totalitaria no resultó una tarea sencilla.

Situada en la parte más pública del inmueble –en el interior del hemiciclo– y compartiendo espacio con las zonas destinadas a prensa y otras infraestructuras dedicadas a la restauración, la cafetería mantiene el espíritu conciliador, atemporal y funcional del resto de las estancias que conforman la totalidad de la construcción. Una sobria y ecléctica combinación de texturas, materiales y juegos cromáticos, así como de estilos, hacen posible el milagro: la repetición de la sutil dialéctica entre espacios interiores y exteriores, entre lleno y vacío.

El lugar, atestado de atractivas concesiones al color y la imaginación, dispone de una fluida comunicación con el resto de los espacios. La perfecta organización espacial, con accesos separados y funciones definidas con precisión, permite que los trayectos se imbriquen y se crucen sin cesar en un sistema a la vez complejo y fluido, sin que jamás colisionen.

Entre unos interiores dominados por la sobriedad de los materiales, la neutralidad cromática y el minimalismo llama poderosamente la atención el suelo verde salpicado de flores amarillas y rojas, que contrarresta con toda la seriedad antes expuesta y que dota a todo el espacio de una sugerente imagen bucólica.

The powerful color scheme is a combination of green, red, yellow, accentuating the furniture: red chairs and tables with metal frames and glass tops. The ascetic materials contrast pleasingly with the rest of the decoration.

La potencia cromática que configura la combinación del verde, el rojo y el amarillo se acentúa con las piezas de mobiliario utilizadas: sillas rojas y mesas con perfil de metal y sobre de vidrio. Materiales que por su frialdad y asepsia contrastan gratamente con el resto de las soluciones empleadas.

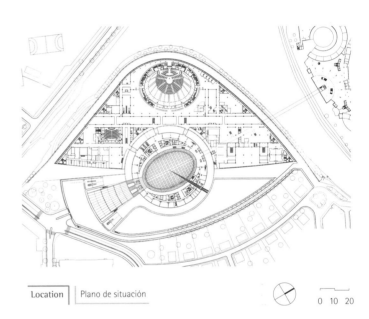

Location | Plano de situación

0 10 20

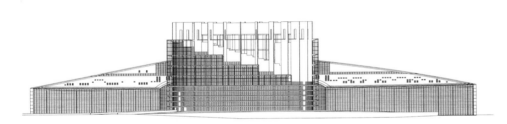

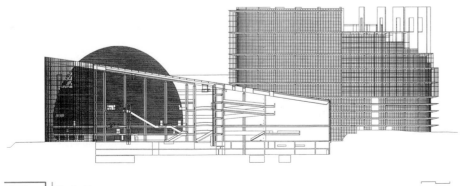

Sections | Secciones

0 5 10

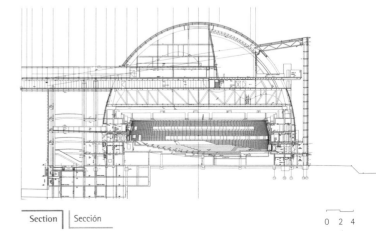

Section | Sección

0 2 4

cacao sampaka

Antoni Arola

Decorator Decorador: **Antoni Arola (Estudi Arola)** Collaborators Colaboradores: **Sylvain Calvet, Jordi Tamayo** Graphic Design Grafismo: **Patty Núñez Associats** Photographer Fotógrafo: **Eugeni Pons** Location Localización: **Barcelona, Spain/España** Date of construction Fecha de construcción: **1999-2000**

Chocolate lovers will find it impossible to stop visiting this welcoming new establishment in the Eixample Quarter of Barcelona, on one of the city's most active streets.

Cacao Sampaka is a temple consecrating one of the most savory and appreciated of foods, a modular place that is newly essential in its simplicity. Formally, it is a space to abandon yourself to the pleasures of the sweet of sweets.

Antoni Arola was commissioned to carry out the project. He has designed a series of interiors dominated by exquisite warmth where the architectural and decorative solutions let chocolate become all.

The particularities of the Cacao Sampaka, an elongated shoebox of a place, marked its spatial organization and distribution. Three clearly differentiated areas arose out of the plan, the first being a foyer, destined to become a store that would display the products available for purchase. The space breaks down barriers and visual obstacles through the use of mobile furnishings and an order that allows the public to roam around freely. Aesthetically, this space proposes a setting with refined, exotic and tropical allusions to chocolate.

The second area contains a cafeteria-bar. It's formal breakaway from the store takes it into a patio that also does away with the tubular look of the box. This patio aspect owes much to the tree that commands its area, growing toward a big square skylight under an awning. It is something that allows the lighting all the advantages of nature and uses a natural material in the flooring: basalt. Also incorporating a small restaurant, space two employs wood laths and has an aesthetic that approaches that of the store by way of its decoration and materials. The third space, finally, sets up a service area and workshops at the back.

These three areas employ the same wood lath over much of their surface area, each being distinguished basically by the different color scheme used, the lighting and the textures and materials. The result is a unique spot to shop or to enjoy an aromatic and savory cup of chocolate and discover new tastes.

Los amantes del chocolate no pueden dejar de visitar este nuevo y acogedor establecimiento situado en pleno Eixample barcelonés, en una de las calles más activas y transitadas de la capital catalana.

Cacao Sampaka, que así es como se ha bautizado este templo consagrado a una de las más sabrosas y preciadas sustancias alimenticias, es un local modulable, actual y esencialmente sencillo.

El encargado del proyecto ha sido Antoni Arola, quien ha diseñado unos interiores dominados por una calidez exquisita en los que las soluciones arquitectónicas y decorativas empleadas consiguen que el chocolate se convierta en el único protagonista.

Las particularidades del lugar, una superficie alargada, marcaron su organización y distribución. Se crearon tres zonas claramente diferenciadas. Una primera se sitúa cerca de la entrada y se ha destinado a tienda, donde se exponen los productos que están a la venta. Se trata de un espacio sin barreras ni trabas visuales en el que el cliente puede pasear libremente gracias al orden generado y al empleo de enseres movibles. Estéticamente este espacio propone una atmósfera con refinadas alusiones al origen exótico y tropical del chocolate.

La segunda zona, donde se ubica la cafetería, queda formalmente separada de la tienda puesto que configura un patio interior, que rompe, además, con el aspecto de tubo que presenta local. Esta sensación se consigue gracias al árbol que preside el lugar, la abertura cenital del techo acristalado, cubierto con un toldo, y el material empleado en el suelo: basalto. Este segundo espacio incorpora también un pequeño restaurante que recupera los listones de madera en el suelo y estéticamente se asemeja más al ambiente de la tienda en cuanto a la decoración y los materiales empleados.

Por último, un tercer espacio alberga un área de servicios en la que se encuentra la cocina, que se intuye en las paredes del fondo del local.

Las tres zonas, en las que el alistonado de madera es el material predominante, se diferencian básicamente por las tonalidades cromáticas empleadas, la cálida iluminación que las inunda, así como por la elección de las texturas y de algunos de los materiales utilizados.

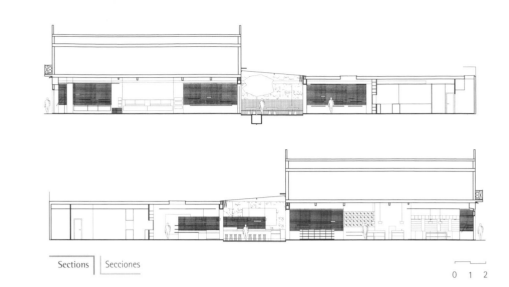

Sections | Secciones

0 1 2

Ground floor | Planta

Wood reigns supreme here providing a warm touch and combining well with the mobile furniture to guarantee a perfect display setting.

La madera es el protagonista en la decoración de la tienda y se combina con elementos de mobiliario, totalmente móviles, que garantizan el perfecto orden de todo cuanto allí se expone.

casa de té paço das infantas

João Mendes Ribeiro

Architect **Arquitecto: João Mendes Ribeiro** Photographers Fotógrafos: **Stella Rotger, João Mendes Ribeiro** Location Localización: **Montemor-o-Velho, Portugal** Date of construction Fecha de construcción: **2000**

The ruins of the walls of an old country manor, beside Montemor-o-Velho Castle, in Portugal, mark the boundaries of this architectural space, the recipient of the FAD prize in architecture.

The spectacular surroundings have thoroughly influenced the design of this teahouse. Its creator, the architect Joao Mendes Ribeiro, used an interpretation of the monumental building as methodological mechanism to clearly state his historical reading, contemporizing the space uniquely. The refurbishment proposes a coherent view of the existing ruins–to all indications, a building raised at the beginning of the twelfth century–and protects them from speculative braggadacio. The end result is a renewed interpretation that also leaves explicitly rough its own reading of what remains of the original.

The central interior of the ruins houses a summarily simple construction. Its presence does very little to alter the space in which it is set, owing largely to the clarity with which the parameters of the new volume are separated from the older piece.

The service areas, the kitchen, and the bathrooms have been arranged on two levels (upper roof and paved platform). These are joined by a parallelepiped of a different color. The floor of the interior is prolonged by a deck of treated wood, and configures the esplanade outside, used as a terrace. In the vertical parameters, transparent modulated glass takes over, free of any structural frames but those of the doors.

The resources employed create a geometric autonomy using materials that revalue the image of the ruins themselves. The renovation integrates, contextualizes the building in a more comprehensible and up-to-date manner.

All the construction elements used in the project bring about a great visual lightness. At the same time, they reinforce the structure's presence on the basis of the pre-existence of the terrain itself. The furniture and decorative elements have also been selected as participants in the overall setting.

Los vestigios de los muros de un antiguo pazo, junto al castillo de Montemor-o-Velho, en Portugal, delimitan este espacio que recibió el premio FAD de Arquitectura.

El espectacular entorno que lo acoge influyó en todo momento en el diseño de esta casa de té. Su creador, el arquitecto João Mendes Ribeiro, recurrió a una interpretación del hecho monumental como mecanismo metodológico que le permitió clarificar su lectura histórica mediante una utilización contemporánea del lugar. Esta intervención propone una lectura coherente de las ruinas existentes –todo indica que se trata de una edificación levantada a principios del siglo XII– y las protege de especulaciones fantasiosas. El resultado es una interpretación renovada a la vez que se deja inacabada, de manera explícita, la lectura actual de estos vestigios.

El espacio interior central de las ruinas alberga una construcción sumamente simple cuya presencia altera muy poco el entorno debido a la claridad con la que se separan los parámetros del nuevo cuerpo de los restos históricos.

Las áreas de servicio, la cocina y los aseos se han dispuesto sobre dos planos horizontales (cubierta superior y plataforma de pavimento) unidos por un paralelepípedo cromáticamente diferente. El suelo interior se prolonga en una plataforma de madera tratada y conforma la explanada exterior, que se emplea como terraza. En los paramentos verticales se ha usado vidrio transparente modulado y totalmente desprovisto de montantes estructurales salvo en el caso de las puertas.

Los recursos utilizados pretenden crear una estructura cuya autonomía geométrica y material revalorice la propia imagen de las ruinas y las integre en un contexto más comprensible y actual.

Todos los elementos constructivos que intervienen en el proyecto consiguen una gran ligereza y liviandad visual a la vez que refuerzan su presencia a partir de la preexistencia del propio terreno. Los elementos de equipamiento aplicados también se han elegido a fin de que puedan cumplir con esta premisa.

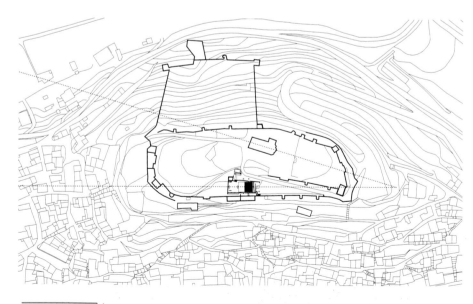

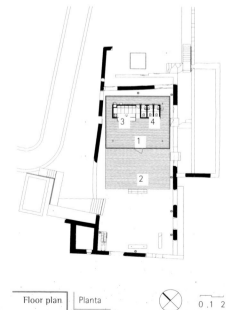

1. Tea room
2. Terrace
3. Kitchen
4. Restroom

1. Sala de té
2. Terraza
3. Cocina
4. Aseos

Location | Planta de situación

Floor plan | Planta

0 1 2

The building solutions reveal an attempt to emphasize the image of the walls north-south orientations of the new architecture's setting. The project also suggests the presence of the old main entrance to the castle by relating the manor house axis, joined to the southeastern wing of the wall.

Las soluciones constructivas revelan un intento de enfatizar la imagen de los muros norte y sur del ámbito que ocupa la nueva construcción. El proyecto también propone sugerir el antiguo acceso principal al castillo asumiendo un recorrido conectado con el pazo, adosado al ala sudeste de la muralla.

The new piece reinforces the wall by recovering its original trajectory. The building's serene emplacement that is thus inferred operates as a mechanism that draws the eye of the viewer.

La intervención pretende reforzar el eje de la muralla con la recuperación del recorrido adosado a su estructura; de esta forma la serena axialidad del edificio sugerido operaría como mecanismo de reclamo de la atención del espectador.

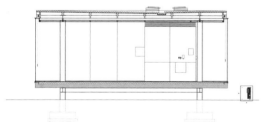
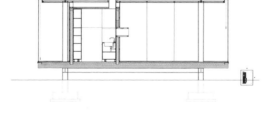
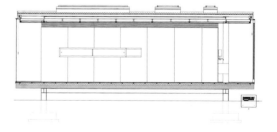

0 1 2

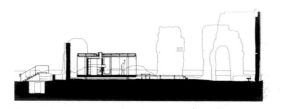
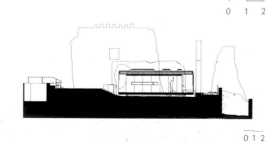

0 1 2

Sections | Secciones

Neutral colors, vanguardist and calming lines in the furnishings, and a careful selection and combination of materials and textures... The decorative elements create an attractive setting that breathes a contemporary air in this unique space out of the past.

Neutralidad cromática, mobiliario de líneas vanguardistas y sosegadas y una cuidada elección y combinación de materiales y texturas son los elementos que configuran la atractiva atmósfera de este singular recinto lleno de historia.

Inside the walls, the spatial distribution is extensive, covering a total area of 90 square meters. On the open-air deck, the decorative pieces, like those inside, provide solutions to basic functional problems without sacrificing aesthetics.

En el interior, la distribución del espacio se extiende en una superficie de 90 m². En la plataforma exterior, los elementos decorativos empleados permiten resolver, al igual que en el interior, los problemas funcionales básicos sin que por ello se descuide su estética.

cafetería del museo de bellas artes

Jorge Peralta Urquiza

Architect Arquitecto: **Jorge Peralta Urquiza** Photographer Fotógrafo: **Felix Chan** Location Localización: **Buenos Aires, Argentina** Date of construction Fecha de construcción: **1999-2000**

Born of the intersection of different ideas, this large space was conceived as being, in addition to the Museum cafeteria, a place dedicated to the world of art and design. The project was commissioned to architect Jorge Peralta Urquiza and his patron, Ferrari and Maseratti. The firm exhibits in the cafeteria as works of art the automobiles created by Pininfarina. This is an idea that architect Phillip Johnson had already used in New York's MOMA, including a Harley-Davidson and a Ferrari as pieces in the collection then being shown.

The cafeteria is sited between two striking examples of architecture. On one side is the Doric building (like a temple) of the Law Faculty, on the other side is the classical-style building housing the museum installations per se. The extension of the building—raised in the 70s in pure Mies Van der Rohe style as a pavilion annex for brief exhibits—is the site selected for the 1,500 square meters that serve as cafeteria and restaurant. The aim was to bring about a neutral setting where the real dramatis personae were architectural and decorative ideas as well as the symbols used.

The architecture sets off the lines of the regular layout of columns in the space from the materials, the color, and the lighting. One of the mise-en-scène elements with greatest visual impact is the large bar of translucent tempered glass. It is backlighted and located with access to the kitchen serving the cafeteria. The bar thus organizes and distributes everything. And what stands out is, on one side, the comfortable chairs upholstered in white leather and the cube-shaped glass tables (also backlighted) and, in the adjacent sector, a new set of chairs, this time almost double, and low Marquina marble tables. The restaurant area has been done with lighting that is still more indirect and intimate, with dark colors and the visual potential of red armchairs. These contrasts make for an attractive mix and play with surprises provoked by contrapuntal opposites.

Nacido de la intersección de varias ideas, este espacio de generosas dimensiones se concibió para ser, además de la Cafetería del Museo Nacional de Bellas Artes de Buenos Aires, un lugar dedicado al mundo del diseño y el arte. El encargado del proyecto fue el arquitecto Jorge Peralta Urquiza y su patrocinador, las firmas Ferrari y Maseratti, que exhiben los automóviles creados por Pininfarina como obras de arte en el interior de la propia cafetería. Una idea que ya había utilizado el arquitecto Phillip Johnson en el MOMA de Nueva York al incluir como modelos de la colección expuesta una Harley Davison y un Ferrari.

La cafetería se encuentra ubicada entre dos construcciones de presencia contundente. Por un lado, el edificio dórico con alma de templo de la Facultad de Derecho y, por otro, el inmueble de estilo clásico que acoge las instalaciones del propio museo. La prolongación del edificio, levantada en los años sesenta al más puro estilo Mies Van der Rohe como un pabellón anexo destinado a exposiciones temporales, es el lugar elegido para albergar los 1.500 m² que funcionan como cafetería y restaurante. El objetivo era lograr un espacio neutro en el que los verdaderos protagonistas fueran las soluciones arquitectónicas y decorativas, y también los elementos simbólicos empleados.

La intervención acentúa las líneas de la trama regular de columnas que atraviesan el espacio a partir de los materiales empleados, la paleta cromática y la iluminación. Uno de los elementos con más peso visual es la gran barra de cristal templado traslúcido retroiluminado situada en el acceso a la cocina, que abastece la cafetería. La barra organiza y distribuye el espacio, en el que destacan por un lado los confortables sillones tapizados en cuero blanco y las mesas en forma de cubo realizadas en cristal –también retroiluminado– y, en el sector adyacente, otros sillones, en este caso dobles, y mesas bajas de mármol de Marquina. Para el área destinada a restaurante se ha elegido una iluminación más indirecta e intimista, colores oscuros y la potencia visual del rojo de los sillones. Contrastes que crean una atractiva mezcla en la que se juega en todo momento con la sorpresa que provoca la contraposición de conceptos opuestos.

Visual and physical contact between interior and exterior is constant because the façade is graced with large glass windows which double as decorative touches inside. The cold, aseptic image of this material is toned down through incorporation of warm lighting.

La comunicación visual y física entre interior y exterior es constante al estar dotada la fachada de grandes ventanales de vidrio, recurso que se emplea también como elemento decorativo en el interior. La imagen fría y aséptica de este material se diluye al incorporar una iluminación cálida y acogedora.

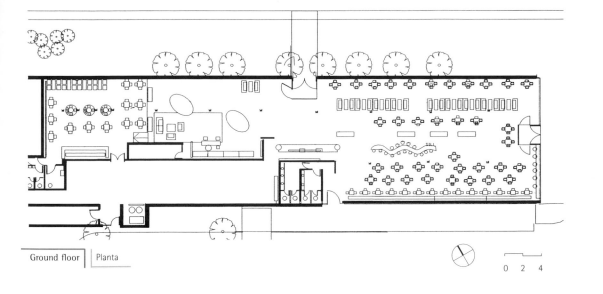

Ground floor | Planta

0 2 4

The color scheme and furniture type accentuate and frame the area where the visitor is. The cafeteria is dominated by neutrality; the restaurant distinguished by the visual impact of the use of red.

Las combinaciones cromáticas y el tipo de mobiliario acentúan y delimitan perfectamente el área en la que se encuentra el visitante. La cafetería está dominada por la neutralidad. El restaurante, en cambio, se distingue por la fuerza visual del rojo.

L'Arca

Antonello Boschi

Architect Arquitecto: **Antonello Boschi** Photographer Fotógrafo: **Alessandro Ciampi** Location Localización: **Follonica, Italy/Italia** Date of construction Fecha de construcción: **1999**

Incurably seduced by the Mediterranean, the Italian architect Antonello Boschi designed this café, bar, and restaurant baptized with its suggestive name, meaning ark (or treasury...). The space flows. It is a dynamic, open locale whose relation to the sea is great.

A wooden body with rationalist, geometrical lines quietly penetrates the tranquil crystalline waters of the sea of seas. L'Arca is sited quietly on the old sea, the cradle of the Latin cultures, the Mediterranean.

The external appearance is the result of a long series of metamorphoses whose end result is an unassuming place that seems precarious but also resistant, attractive, and efficient.

A steel sculpture at the entrance becomes the defining element. A well-lighted corridor with spots recessed in the floor guides the visitor and gives onto the restaurant itself. This is a body comprised of light walls with windows contrasting with the visual weight of the cherry wood. The interior is set up in a way that brings together different areas in their various uses: café-bar, restaurant, concert stage... To close the complex, a terrace zone has been installed, offering the visitor splendid views. It is in fact a zone designed like the deck of a ship, as many of the architectural details show.

The public rooms are elegant, distinguished spaces where special attention has been given to the formal identity and the quality of the materials. These decorative ideas help the conception of a mood where spatial layout and experimentation with new materials bring about a novelty, a kind of immobile vessel with its foundations anchored in the sea.

Irremediablemente seducido por el Mediterráneo, el arquitecto italiano Antonello Boschi proyectó este café, bar y restaurante bautizado con el sugestivo nombre de L'Arca. Se trata de un espacio fluido, dinámico y abierto desde el cual la relación con el mar es completa.

Un cuerpo de madera de líneas racionalistas y geométricas penetra sin estridencias en las tranquilas y cristalinas aguas del mar de los mares. L'Arca reposa sosegada sobre el mar antiguo, cuna de las culturas latinas: el Mediterráneo.

Su apariencia externa es el resultado de una larga serie de transformaciones que dan como resultado final un local que posee las características típicas de las tradicionales construcciones de madera levantadas junto al mar. Discreta, sencilla y de aspecto precario pero tremendamente resistente, atractivo y eficaz.

Una escultura de acero situada a la entrada se convierte en el elemento que delimita el espacio. Un pasadizo convenientemente iluminado con luces y focos empotrados en el suelo guía al visitante y le facilita el acceso hasta el local propiamente dicho, situado en un volumen de ligeras paredes acristaladas que contrastan con la pesadez visual de la madera de cerezo. El interior se ha organizado de manera que el espacio pueda acoger distintas zonas destinadas a usos diversos: café bar, restaurante, escenario para conciertos... Cerrando el complejo se ha ubicado una zona destinada a terraza desde la cual es posible gozar de unas espléndidas vistas. Esta zona se ha diseñado como si de la cubierta de un barco se tratase; muchas de las soluciones arquitectónicas empleadas así lo demuestran.

Las áreas comunes se han concebido como espacios elegantes y distinguidos en los que se ha otorgado especial atención a la identidad formal y calidad de los materiales. Estas soluciones decorativas ayudan a concebir una atmósfera en la que la articulación espacial y la experimentación con nuevos materiales dibujan un nuevo concepto de espacio, una especie de embarcación inmóvil con los cimientos anclados en el mar.

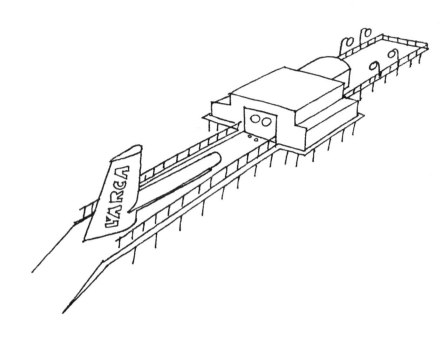

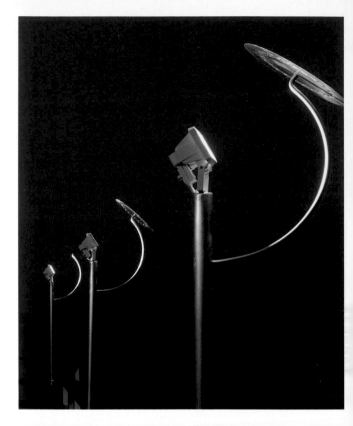

The interior decoration plays with visual and stylistic contrasts somewhere within the most rabid avant-gardist, the more classical lines of the beginnings of the century, the rationalist 1950s designs of Gio Ponti, and the aerodynamics of North American design.

En el diseño de los interiores se ha jugado con los contrastes visuales y estilísticos, a medio camino entre el más rabioso estilo vanguardista, los trazos más clásicos de principios de siglo, los diseños racionalistas de Gio Ponti de los años cincuenta o las líneas aerodinámicas de diseños americanos.

Boats and traditional seaside structures of wood inspired Boschi at the hour of designing this establishment. The sea has been made the true protagonist by its visibility from any point in L'Arca.

Los barcos y las tradicionales construcciones de madera levantadas junto al mar han inspirado al arquitecto Antonello Boschi a la hora de proyectar este establecimiento. El diseño del local hace del mar el verdadero protagonista, al permitir que éste sea visible desde cualquier punto de L'Arca.

Building materials, lighting, colors, and distribution of the furniture are the elements organizing the space. The plan makes it possible to develop different activities in L'Arca without having them interfere with each other.

Los materiales, la iluminación, la paleta cromática y la distribución del mobiliario son los elementos encargados de organizar un espacio que se ha proyectado para que sea posible desarrollar diversas actividades sin que unas interfieran a las otras.

The area used as a café has low lighting and a sense of comfort. The furniture is avant-gardist and functional. The purity of the white and the coldness of steel contrast with the warmth of a rich material like the wood used to cover the floor and part of the walls as well as some of the chairs.

La zona destinada a café bar se ha resuelto con una iluminación tenue y acogedora y un mobiliario de líneas vanguardistas que no esconden su funcionalidad. La pureza del blanco y la frialdad del acero contrastan con la madera, empleada para revestir el suelo y parte de las paredes, así como en la estructura de algunos asientos.

1. Entrance
2. Kitchen
3. Café-bar
4. Rest rooms
5. Check-out
6. Concert stage
7. Restaurant
8. Back terrace

1. Entrada
2. Cocina
3. Café bar
4. Aseos
5. Caja
6. Escenario para conciertos
7. Restaurante
8. Terraza trasera

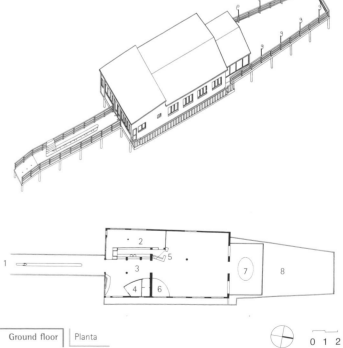

Ground floor | Planta

0 1 2

The project transforms an old house into an oasis of hospitality and leisure. The conversion has created a luxurious urban hotel, a center for cultural activities and conventions.

El proyecto ha conseguido transformar una vieja casa en todo un oasis de hospitalidad y sosiego. Las obras de reforma han permitido crear un lujoso hotel urbano, un centro de cultura y convenciones.

The image of the lavatories has received optimal care. The same combination of materials has been used in this zone and in the restaurant areas, with architectural and decorative solutions that are both practical and aesthetically beautiful.

La imagen de los aseos también se ha cuidado al máximo. Tanto en esta zona como en las áreas de trabajo se mantiene la combinación de materiales y se emplean soluciones arquitectónicas y decorativas tan prácticas como estéticamente bellas.

Naschmarkt Deli

Dietrich|Untertrifaller Architekten

Architects Arquitectos: **Dietrich|Untertrifaller Architekten** Photographer Fotógrafo: **Ignacio Martínez** Location Localización: **Vienna, Austria/Viena** Date of construction Fecha de construcción: **2001**

In one of the most traditional and emblematic fruit and vegetable markets in Vienna, in the historical center of the city, the Naschmarkt Deli's architecture maintains a type that fits with the rest of the stalls. It has, in fact, sought to keep that fit by holding to its original structure and only allowing small stylistic concessions to subtly change it.

The café-bar, which also serves as a restaurant, offers a wide array of multicultural foods, is defined by its rectangular plan and transparent glass walls. The locale's wall-windows serve as façade around the whole perimeter. They open shutter-style, again accentuating the idea of the market stall. This is further emphasized by the inclusion of more than one entrance in the long structure. The sense of freedom and openness is constant, like the communication between interior and exterior, both physically and visually.

Inside the Naschmarkt Deli, the typical Viennese green grades down to a lighter tone to bring about, in the combination with other unpainted surfaces, a homogeneous scheme. The café, which is not that large, scarcely 100 square meters, still seats 40 people.

The flooring material is the same as that used in the street. The ceiling, which clearly attracts the eye of anyone entering the Naschmarkt, includes a mural representing the image of gigantic coffee beans, and its continuation also offers the sense of great space, at the same time providing a touch of the different and unique.

The counter and the grill, situated in the center and at one end so as to allow the customers easy access, are in maple wood and unfinished steel.

It is clearly a project that respects its setting and emphasizes the market's architecture through a new interpretation.

Situado en uno de los mercados de fruta y verduras más tradicionales y emblemáticos de Viena, en pleno centro histórico de la ciudad, el Naschmarkt Deli mantiene en su arquitectura una tipología homogénea con el resto de los puestos; de hecho, se ha querido mantener en todo lo posible su estructura original y sólo se han permitido pequeñas concesiones estilísticas que la modifican muy sutilmente.

El café bar, que también funciona como restaurante al ofrecer una amplia oferta gastronómica multicultural, configura un volumen rectangular de cristal transparente. Sus ventanas, que recorren todo el perímetro de la fachada y son batientes, mantienen viva esa idea de puesto de mercado, que además queda potenciado gracias a la existencia de dos puertas, una en cada fachada. La sensación de libertad y abertura es constante. Y lo mismo ocurre con la comunicación entre interior y exterior, tanto física como visualmente.

En el interior, el popular color verde de Viena se suaviza hasta llegar a un tono amarillento que crea, tras ser combinado con otras superficies de tonalidades naturales sin tratar, un ambiente homogéneo. El café, de dimensiones no demasiado generosas, escasos 100 m², tiene espacio para unas 40 personas.

El suelo es igual que el de la acera de la calle y el techo, que atrae sin duda la vista de todo el que entra en el Naschmarkt, se ha cubierto con un sugerente mural que representa la imagen de gigantescos granos de café; la continuidad de esta pantalla ofrece también la sensación de infinito a la vez que confiere al local un carácter inconfundible.

La barra y la cocina, situadas en uno de los extremos a fin de que se encuentren libres en el espacio y no entorpezcan el tránsito de los clientes, es de madera de arce y acero sin tratar.

En definitiva, un proyecto que respeta el entorno y enfatiza las cualidades arquitectónicas del mercado ofreciendo, a la vez, una nueva interpretación.

The setting for the Naschmarket suggested its design. The architects drew up a project for a place that would be true to its origins and still made it a new reading with a contemporary touch.

El entorno en el que se encuentra situado el Naschmarkt marcó su diseño. Los arquitectos proyectaron un local que respetaba sus orígenes a la vez que realizaron una nueva lectura y le dieron un enfoque actual.

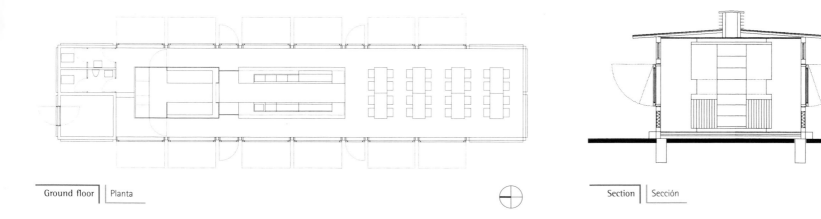

Ground floor | Planta

Section | Sección

0   1   2

The counter and the grill were conceived as a single rectangular module at one end of the deli. Maple wood and steel were used here, both untreated. The placement, open at both ends, allows ease of movement to the employees.

La barra y la cocina se concibieron como un gran módulo rectangular situado en uno de los extremos del local. Tanto los materiales empleados como su ubicación responden al deseo de liberar el área destinada a los clientes.

The large mural covering the ceiling in conjunction with the windows running the length of the building are the decorative touches that most take the eye in this locale, distinguished by its formal simplicity and its relaxed ambience.

El gran mural que cubre todo el techo y las ventanas que recorren el perimetro de la fachada son los recursos decorativos que más llaman la atención de este lugar, que se distingue por la simplicidad formal y los aires sosegados.

Yellow River café

Stiff & Trevillion Architects

Architects Arquitectos: **Stiff & Trevillion Architects** Photographer Fotógrafo: **Peter Durant/Arcblue** Location Localización: **London, UK/Londres, Reino Unido** Date of construction Fecha de construcción: **1999-2000**

A distinctly Oriental style with avant-garde details marks the interiors of the Yellow River Café, a luxurious restaurant in Canary Wharf, one of the most active economic neighborhoods of London. Still + Trevillion Architects dressed the café-bar-restaurant, one of the Oriental Restaurant Group's chain.

The establishment has not skimped on the use of Oriental materials and iconography. The choice brings about great visual enrichment and color and is a dynamic sequence of sculptural beauty, with interconnecting spaces distributed on two levels. The atmosphere of each space responds to the type of service offered. Downstairs are the cafeteria and bar; upstairs, there is a large salon for the restaurant. In spite of the clearly functional style, both spaces are characterized by a subtle architectural contrast that unites them.

The simple geometry of the oval form organizes a markedly rhythmic, flowing space. This shape, rising out of the ground floor and configuring a sort of container defining the movement of people and ordering their routes, materializes out of the curved walls of the space and the majestic staircase, also a curve, leading upstairs. Both architectural solutions create an attractive sense of motion and give the place great theatrical potential. This is increased by thick red silk curtains and flat mirrors, the latter increasing the lighting and bringing glimpses of the main room and the people moving through it.

The upper floor is an open space, ordered and fluid, with oriental elegance and sobriety, design concepts based on a contemporary and functional decoration. The result is a combination of elements that manage to suggest a theatrical, intimist ambience. It takes possession of these interiors situated in the heart of the West but with soul and eyes turned to the East.

Un acentuado estilo oriental con toques vanguardistas viste los interiores del Yellow River Café, un espacio multifuncional situado en Canary Wharf, una de las áreas económicamente más activas de Londres. La firma Still & Trevillion Architects ha sido la encargada de dar forma a este café, bar y restaurante perteneciente a la cadena Oriental Restaurant Group.

El establecimiento, en el que no se ha escatimado el empleo de materiales e iconografía oriental –elección que le otorga una enorme riqueza visual y cromática–, es una dinámica secuencia de escultural belleza de espacios enlazados repartidos en dos niveles. De hecho, la atmósfera de cada uno de ellos responde al tipo de servicio que se ofrece. La parte inferior se ha destinado a cafetería y bar, y el piso superior acoge una gran sala que alberga el restaurante. A pesar de esta manifiesta definición funcional, ambos espacios se caracterizan por un sutil contraste arquitectónico que los unifica.

La geometría simple de la forma oval organiza un espacio marcadamente rítmico y fluido. Esta forma ovalada, que nace en el primer nivel y configura una especie de contenedor que define la circulación de las personas y dibuja las rutas, se materializa a partir de los muros curvos que delimitan el espacio y la majestuosa escalera, también curva, que conduce al nivel superior. Ambas soluciones arquitectónicas crean una atractiva sensación de movimiento, además de otorgar al lugar una gran teatralidad potenciada además por unas generosas cortinas de seda roja y unos espejos planos que expanden la luz y permiten vislumbrar retazos de la sala y a la gente moviéndose por el espacio.

El nivel superior es un ambiente abierto, ordenado y fluido en el que priman las soluciones de elegancia y sobriedad orientales, aunque, eso sí, basadas en una decoración y un estilo contemporáneo y funcional. El resultado: una combinación de elementos que logran esa sugerente atmósfera intimista y teatral que se apodera de estos interiores situados en el corazón de Occidente pero con el alma y los ojos puestas hacia Oriente.

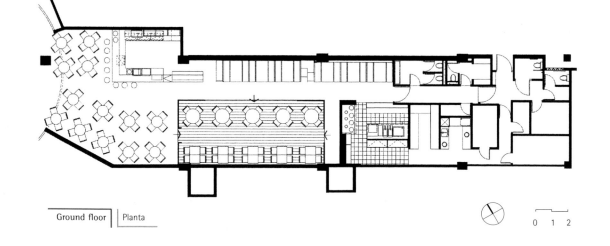

0　1　2

The concepts used are original and efficient, as seen in the false ceiling of the first floor, where recessed spotlights are combined with other camouflaged light sources. The touch brings about an attractive intimist play of light.

Las soluciones empleadas son originales a la vez que eficientes. Ejemplo de ello es la cubierta del piso superior: un falso techo en el que se han empotrado focos se han camuflado otras fuentes de luz. Este recurso consigue un intimista y atractivo juego de luces y sombras.

Barstarten

Finn Andersen

Architect Arquitecto: **Finn Andersen** Interior designers Interioristas: **Finn Andersen, Mikkel Max Andersen** Photographer Fotógrafo: **Mads Hansen** Location Localización: **Copenhaguen, Denmark/Copenhague, Dinamarca** Date of construction Fecha de construcción: **1999**

Located in a much frequented part of Copenhagen, this café-bar-restaurant-nightclub shows off, in both in its conception and its decoration, the major codes of Scandinavian design. It is a fresh look at form irremediably marked by function. Not only interiors but also the designed pieces inside them are unimpeded by unnecessary frills and minimalism becomes one of the watchwords in the creation of space out of the minimum, out of emptiness.

Created by the self-taught designer Finn Andersen, Barstanten is meant to be open to the possibilities inherent in carrying out a large range of diverse activities. And this is patent in the way the space has been organized and distributed. It is a suggestive space where the simplicity that stands out in the decorative solutions is precisely what brings the visitor up short.

If the Nordic design concept began to emerge from its chrysalis in the 50s and reached its highest arc in the 80s and the early 90s with this avant-gardist and most postmodern of locales, the idea that this design is more alive and well than ever is reaffirmed in the formal simplicity in Barstanten. Other features that have always marked this Nordic way of understanding geometry and made it different from other European trends such as Spanish or Italian design (and something that continues to be its strong suit) are its respect for the environment, the use of natural materials, the achievement of spaces technically well resolved, and the use of designs that combine tradition with the contemporary.

In this café, Finn Andersen pampers the interior decoration as well as the quality offered by such interiors and the ambience that comes out of it. Following the Danish tradition—and this is also a constant in Scandinavian design–Andersen uses functional lines and patterns, straight-edged strokes softened by a light touch of color (never strident), and a careful and strict union between the materials used, in this case wood, stainless steel and leather. With the use of these materials and textures and the development of a high aesthetic sense, the bar achieves a welcoming and contemporaneous space where functionalism is not bawled out by beauty. Both terms combine with a right sense of order, achieving an avant-gardist and comfortable feel with a place for everything and everything always in its place.

Situado en una concurrida zona de Copenhague, este café, bar, restaurante y club nocturno incorpora tanto en su planteamiento como en su decoración las claves del mejor diseño escandinavo: un soplo de aire fresco en el que la forma está irremediablemente marcada por la función, donde los interiores, así como las piezas diseñadas para su decoración, presentan una exención total de lujos innecesarios y donde el minimalismo se convierte en una de las consignas que seguir para llenar el espacio con lo mínimo, con el vacío.

Proyectado por el diseñador autodidacta Finn Andersen, el Barstarten es un establecimiento concebido para que puedan desarrollarse actividades de índole diversa, lo que ha quedado patente en la forma de organizar y distribuir el espacio.

Si el concepto de diseño nórdico empezó a esculpirse en los años cincuenta y alcanzó su máximo apogeo en los ochenta y principios de los noventa, con este vanguardista y actual local se reafirma la idea de que sigue más vigente que nunca precisamente por la simplicidad formal utilizada. Otras de las características que siempre han marcado esta manera nórdica de entender el diseño y que la han diferenciado de otras tendencias europeas como el diseño español o el italiano, y que continúan siendo su mejor baza son el respeto por el medio ambiente, el empleo de materiales naturales, la consecución de espacios técnicamente bien resueltos y el uso de unos diseños que combinan tradición con contemporaneidad.

En este café, Finn Andersen dedica una especial atención a la decoración de los interiores así como a la atmósfera obtenida. Siguiendo la tradición danesa, y eso es también una constate en el diseño escandinavo, se basa en líneas funcionales, trazos rectos que se suavizan con un ligero toque de color, aunque nada estridente, y una estrecha conjunción entre los materiales empleados, en este caso, madera, acero inoxidable y piel. Con estas texturas y desarrollando un alto sentido estético se ha conseguido un espacio acogedor y contemporáneo en el que la funcionalidad no está reñida con la belleza.

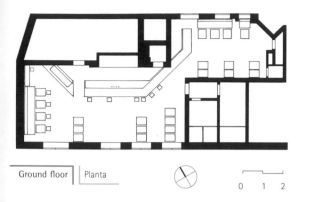

Ground floor | Planta

0 1 2

The polyvalence of the space required decorative solutions permitting of a simple development of variety. The resources used delineate a long bar that joins the rooms. The bar itself marks the trajectory to the annexed DJ's hut.

La polivalencia del establecimiento requería unas soluciones decorativas que permitieran desarrollar todas las actividades de manera sencilla. El recurso ubicar el bar en una superficie alargada que comunica dos estancias. La barra dibuja el recorrido que seguir y al fondo se instaló la cabina del DJ.

Materials that stand out include treated Oregon pine, giving the bar an elegance and a warm surprising atmosphere helped along by the lighting.

En cuanto a la elección de materiales destaca la madera de pino de Oregon tratada, que confiere al bar una elegante y sorprendente atmósfera cálida que se potencia con la iluminación empleada.

Tinderbox Glasgow

Ross Graven

Architect Arquitecto: **Ross Graven** Photographer Fotógrafo: **Keith Hunter** Location Localización: **Glasgow, UK/Reino Unido** Date of construction Fecha de construcción: **1999**

Located on Byres Road, in the heart of Glasgow's West End, the Tinderbox Café, has become something of a social institution in the town.

The Tinderbox is not only a café and a shop selling related products. It is a place (once the head office of a bank, in fact) where the best coffee is offered, and a meeting point. You can listen to music, read fanzines... The space is open to more than that, too, and leisure activities multiply in its welcoming atmosphere.

The project for the café's design went to architect Ross Grave, who took charge of defining an aesthetically pleasing establishment where the most original proposals would fit without greatly altering the homey-but-functional feel. To fully exploit the potential of the space, different areas are used for different activities and cater to the needs of the clientele.

The careful selection of materials includes wood, steel-and-leather, and a rich palette passing through the agile liveliness of red contrasting with a rigorous black and the tones of different kinds of wood used to transmit the unique ambience the Tinderbox breathes.

The remodeled front took on the form of a picture frame. The street corner itself was exploited to erect glass walls that light the place by day and show off the interiors. The borders between street and café interior conflate to bring about a visual play of see in/see out. The space, largely squared, organizes from the serving area. The architecture and the ornamentation are intimist and make it easy to enjoy good company over good coffee.

Situado en Byres Road, en el corazón del West End de Glasgow, el café Tinderbox –ubicado en un local que anteriormente había acogido la sede de un banco– se ha convertido en toda una institución social en la zona. Es un lugar en el que, además de disfrutar del mejor café, se pueden adquirir artículos relacionados con este producto, escuchar música, leer *fanzines*... en definitiva, un espacio multifuncional que acoge diferentes actividades lúdicas en un ambiente distendido.

El proyecto corrió a cargo del arquitecto Ross Graven, que se encargó de definir un establecimiento estéticamente atractivo en el que tienen cabida las propuestas más originales, sin olvidar la comodidad y la funcionalidad. A fin de rentabilizar al máximo el espacio, se han creado diferentes áreas destinadas a desarrollar múltiples tareas y a satisfacer las necesidades particulares de una determinada clientela.

Una cuidada elección de materiales –madera, acero y piel– y una sugerente paleta cromática que pasa por la agilidad y viveza del rojo contrarrestada con la rigurosidad del negro y las tonalidades de las diferentes clases de madera empleada transmiten esa peculiar atmósfera que respira el café .

La fachada se remodeló como si del marco de un cuadro se tratase. Aprovechando la esquina en la que se encuentra el local, se emplearon paredes de cristal que además de canalizar la entrada de luz natural durante el día consiguen que desde el exterior se tenga una imagen nítida de los interiores. Las fronteras entre ambos se diluyen y permiten que se cree un atractivo juego visual entre los que están dentro y los que están fuera.

En esta superficie de forma cuadrangular, la distribución se organiza a partir de la zona de servicio. Las soluciones arquitectónicas y decorativas empleadas consiguen una atmósfera intimista en la que es fácil disfrutar en buena compañía delante de una agradable taza de café.

Perfectly visible from the street: the aluminum-framed glass walls of the street-corner fronts substitute heavy traditional walls and bring about full interior/exterior communication.

Perfectamente visible desde el exterior, el tratamiento empleado en la fachada, donde las paredes de cristal con perfil de aluminio sustituyen a los pesados muros tradicionales, establece una comunicación plena entre interior y exterior.

Ground floor | Planta

0   1   2

The solutions used create, inside a public space, very intimate zones. The use of wood as the main material and the tones and textures selected add to the intimism.

La soluciones utilizadas crean en el interior de este espacio público algunas zonas más íntimas. El empleo de la madera como material principal y las tonalidades y texturas elegidas potencian esa sensación de intimidad y recogimiento.

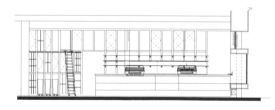

Sections | Secciones

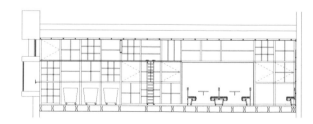

0 1 2

The arrangement guarantees the use of floor-to-ceiling shelving to solve storage problems. In more informal areas, lightweight materials like glass or steel offset the heaviness in others.

Gracias a algunas estanterías que van de suelo a techo se resuelve el problema de almacenaje. En las áreas más informales se emplean materiales más ligeros, como el vidrio o el acero, que compensan la pesadez visual de otras zonas.

Section | Sección

0   1   2

schwarzenbach

Stefan Zwicky

Architect Arquitecto: **Stefan Zwicky**   Photographer Fotógrafo: **Heinz Unger**   Location Localización: **Zurich, Switzerland/Suiza**   Date of construction Fecha de construcción: **1998**

Located in the historical center of the city of Zurich, Switzerland, in a building built in 1662 and modified on several occasions over the years, the Schwarzenbach, founded in 1864, is one of the oldest stores in the city. It still operates today as a business dedicated to toasting and selling coffees, but has taken advantage of the Schwarzenbach family name to open a cafeteria in a 1998 annex. Store clients thus have the opportunity to taste the products they buy there or, reversing the process, buy the product they have just tasted.

It is not a large café: only a 30 square-meter ground floor room serves the cafeteria and tea salon. Below this, a basement of the same dimensions contains the lavatories and a small storeroom.

In spite of the limited space, the Schwarzenbach has been designed in such a way as to organize the operation into separate spaces while products are tasted and prepared. The tea may take longer, but the coffee is ground and prepared more rapidly. This detail was taken into account when it came to laying out and distributing the space. This contrast inspires the layout of the place as well as the façade and name. The display window is symmetrical and reminiscent of the two main motifs of tea and coffee. Close to the front door are four spaces used as tea salons, with comfortable sofas inviting us to relax and enjoy—although counter service is always available for those who have to take their beverages on the run. A staircase goes down to the basement. It adjoins the service counter, which actually comes out of the staircase because of the little space available. Downstairs, there are two public lavatories, a small kitchen where sandwiches, cakes and other homemade products are made, and a storeroom.

The materials used are reminders of the original countries that export the tea and the coffee served. An example of this may be seen in the dark tone of the wengué wood, and the red velvet and mohair reminiscent of the world of tea.

The result is a space that exists to offer restful settings inspired on the teahouses and the coffee houses that have always breathed such an atmosphere.

Situado en el centro histórico de Zurich, en un inmueble construido en 1662 que ha sido modificado en varias ocasiones a lo largo de su historia, el Schwarzenbach es una de las tiendas más antiguas de la ciudad, pues data de 1864. Hoy sigue funcionando como comercio dedicado al tueste y la venta de cafés, y aprovechando esta actividad la familia Schwarzenbach, propietaria del establecimiento, decidió abrir una cafetería con el mismo nombre en un espacio anexo en 1998. De este modo, el cliente de la tienda puede degustar los productos que en ella compra y viceversa, el visitante que acude al café puede adquirirlos en la tienda una vez probados.

El espacio que acoge la cafetería y salón de té, de reducidas dimensiones (30 m²), está ubicado en la planta baja y dispone de un sótano de iguales dimensiones que alberga los servicios y un pequeño almacén.

A pesar de lo limitado de su tamaño, en este ambiente se han proyectado dos espacios claramente diferenciados: uno para degustar café y otro para saborear té. Si el té exige calma y reposo, a menudo el café se elabora y consume más rápidamente.

El contraste inspira tanto la planta del local como la fachada y el nombre. El escaparate es simétrico y se hace eco de ambos temas (té/café). Más cerca de la entrada se han instalado cuatro espacios destinados a sala de té, en los que cómodos sofás invitan al sosiego y la tranquilidad; en cambio, la barra, al fondo del local, permite tomar café de pie y de una manera rápida. Junto a la barra, una escalera conduce al sótano, donde se han situado dos baños, una pequeña cocina en la que se elaboran productos de pastelería y un almacén.

Los materiales utilizados también denotan el origen de los países exportadores tanto de té como de café. Un ejemplo de esto es el tono oscuro de la madera de wengué, la tapicería rojiza de terciopelo y mohair que recuerda el mundo del té...

El resultado, un espacio agradable y sosegado en el que se respira una atmósfera tranquila inspirada en las casas de té y café de siempre.

Elevation | Alzado

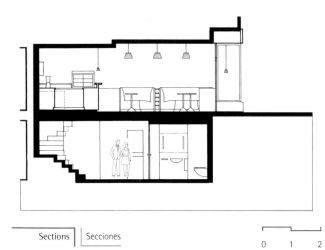

Sections | Secciones

0   1   2

A large mirror at the back of the store, behind the service counter, gives the visual effect of more space and depth. The lights are ranged in a square to give the suggestion of a hall. | Detrás de la barra se ha situado un gran espejo para ampliar visualmente el espacio y darle mayor profundidad; las lámparas que penden del techo se han instalado en forma de cuadrado para darle a la estancia apariencia de vestíbulo.

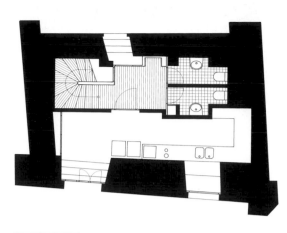

Basement | Sótano

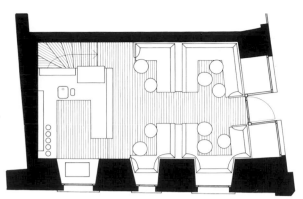

Ground floor | Planta baja

0   1   2

179

The contrast with the reddish tones in the sofas and the white marble tabletops and the lamps creates an attractive blend of textures and materials.

El contraste entre el tono rojizo del los sofás y el mármol blanco de las mesas y las lámparas crean una atractiva combinación de texturas y materiales.

Balanz café

Sedley Place Designers

Interior designers Interioristas: **Sedley Place Designers**   Photographer Fotógrafo: **Pep Escoda**   Location Localización: **Miami, US/Estados Unidos**   Date of construction Fecha de construcción: **2000**

An unsettling and suggestive explosion of color and happiness happens before the visitor's eyes on entering Balanz Café. The space is eclectic and contemporary, a mixture of textures, materials and an attractive combination color scheme that bathes its interiors and becomes its best calling card and seductive arm.

Balanz is in Miami Beach, in an attractive tourist zone, surrounded by bustling commercial, gaming, and cultural activities.

The decoration of its interiors creates a unique visual interplay where the eccentric flies in the face of some rabid Pop references (through sometimes impossible combinations of both colors and textures) to create a space on the cutting edge of the contemporary dynamic. Balanz is a fun place, fresh and imaginative and also functional.

The semicircular bar presided over by a large mirror that reflects much of the café, organizes the space into two sections, one being the café and the other the seating area, with chairs and tables for restaurant service. A unique stairway coming out of this zone leads to the upper level, which contains the lavatories and has been decorated with only one piece of furniture, a chaise longue upholstered in imitation zebra skin. The balustrade of the stairway is tubular metal, with a wooden handrail and steps that repeat the color used in the ceiling. At the foot of the steps, on the right, taking advantage of the stairwell, is the kitchen.

This is definitely a space full of vitality, happy and flowing with 50s inspiration and Pop touches that also combine an aesthetic halfway between the most purely modern and the most simply traditional cafés of all times.

Una inquietante y sugestiva explosión de color y alegría estalla ante los ojos del visitante que entra en el Balanz Café. Un espacio ecléctico y actual en el que la mezcla de texturas y materiales junto a la llamativa paleta de combinaciones cromáticas que baña sus interiores se convierten en su mejor carta de presentación.

El Balanz se encuentra situado en Miami Beach, en una zona de atractivo interés turístico y rodeado de una bulliciosa actividad comercial, lúdica y cultural.

La decoración de sus interiores genera un singular juego visual en el que el excentricismo y unas rabiosas reminiscencias pop, logradas a partir de combinaciones a veces imposibles tanto de colores como de texturas, hacen realidad un espacio vanguardista y dinámico. El Balanz es un establecimiento divertido, fresco e imaginativo a la vez que funcional.

La barra semicircular, presidida por un espejo que refleja gran parte del local, organiza el espacio, que se divide en una zona destinada a café y otra en la que se han distribuido mesas para poder ofrecer un servicio de restaurante. Una singular escalera que nace en esta zona fija las miradas y conduce hasta el nivel superior –donde se hallan los servicios– decorado con un único elemento: una *chaise-lounge* tapizada con tela que imita la piel de cebra. La particular barandilla de la escalera se ha materializado con tubos metálicos y un pasamano de madera que los atraviesa, y los escalones retoman el colorido ya utilizado en el techo del local. A los pies de la escalera y aprovechando el hueco se ha instalado la cocina.

Se trata, en definitiva, de un espacio lleno de vitalidad, alegre y fluido de inspiración *fifty* y toques pop que combina una estética que está a medio camino entre los locales más rabiosamente modernos y los tradicionales cafés de siempre.

One of the resources used that gives best results is the one that distributes numerous mirrors symmetrically along the walls and thus visually expands the real space available.

Uno de los recursos utilizados que da mejores resultados es situar numerosos espejos repartidos de manera simétrica por las paredes; así se agranda visualmente el espacio real.

The attractive colors are repeated in different areas such as the ceiling beams and the treads and risers of the stairs. There is also the zebra motif in the chaise longue, in the ceiling, and in those wild forms over the bar.

Las llamativas combinaciones cromáticas se repiten en diferentes áreas: por ejemplo, los colores de las vigas y los peldaños de las escaleras, o la imitación de piel de cebra de la *chaise-lounge*, el techo y la lámpara de formas imposibles que hay sobre la barra.

salon Rouge

Grant Amon

Interior designer Interiorista: **Grant Amon**   Photographer Fotógrafo: **Shania Shegedyn**   Location Localización: **Melbourne, Australia**   Date of construction Fecha de construcción: **1999**

The Salon Rouge, aka, the Bar Figo, captivates the visitor by its rabid and singular Pop airs. The scene gives off a unique vitality. It is a real color explosion, fresh and allegro, taking by storm anyone who crosses the threshold.

The establishment is in the basement between Flinders Lane and Mill Place in the city of Melbourne, Australia. A Chinese restaurant occupied the premises, prior to the refurbishing project.

This particular location and the context surrounding it have irremediably marked its final design. The exterior architecture involves a geometrical front of straight lines with oversize rectangular windows through which a good part of the interior may be viewed.

This multi-use space came into being with the intention of meeting different demands, both on a gastronomic and an entertainment level. During the day, there reigns an informal cafeteria-bar ambience with full restaurant service; nighttime sees the arrival of a club scene.

To carry out the project, it was necessary to make a smooth transition between these different spaces and adapt them appropriately. On one hand, each area had to be perfectly defined and emphasized according to what time of day it would be used: polyvalence was the key word. An example may be seen in the way the red curtains in one of the corners can be moved so that lighting the candles provides a more intimate space and the café-bar becomes open, rectangular, usable. Its overall look changes under the disco-balls when the big windows in the front let the night in.

The main element in the central atrium is the long resin bar dominating the club. Around this different pieces of furniture are arranged, and other decorative elements.

Architect Grant Amon's main aim was to fit the space out in the finest manner possible, using accessories chosen to go with the fewed alterations he would make in the original building. These changes would be, mainly, the kitchen, the lavatories, the storeroom, and an office.

A deliberate richness and the seductive choice of finishes and textures has been combined in a setting that discovers itself to the public as attractive, tempting, intimist, comfortable, and very, very imaginative.

El Salon Rouge, también conocido como Bar Figo, cautiva al visitante por los singulares aires pop en los que se inspira. El ambiente desprende una inusitada vitalidad. Es toda una explosión de color, frescura y alegría que inunda incluso a todo aquel que traspasa su entrada.

El establecimiento se encuentra localizado en un sótano entre las calles Flinders Lane y Mill Place, en Melbourne, y en su lugar se ubicaba, antes de las obras de rehabilitación, un restaurante chino.

Su particular situación y el contexto que lo rodea han marcado irremediablemente su diseño final. En el exterior los volúmenes arquitectónicos se traducen en una fachada plana de líneas geométricas atravesada por enormes ventanales rectangulares desde los que es posible observar perfectamente gran parte del interior del local.

Este espacio multifuncional nació con la intención de atender diferentes demandas, tanto a nivel gastronómico como de entretenimiento. Por ese motivo ofrece durante el día un ambiente más informal de café bar y un servicio completo de restauración, pero una vez llega la noche se transforma y funciona como club nocturno.

El proyecto requería, pues, una fluida transición entre todos estos espacios que debían acoger diferentes usos. Por un lado, cada una de las áreas debía estar perfectamente definida para la actividad que fuera a acoger según el momento del día, así que había que crear ambientes polivalentes. Un ejemplo: de noche las cortinas rojas situadas en uno de los rincones del local se corren, se encienden las velas –que iluminan de un modo más íntimo y sugerente– y brillan las típicas "bolas de discoteca".

El elemento principal, que además ocupa el espacio central, es la extensa barra de resina iluminada, cuyo contorno se encarga de organizar y configurar la distribución espacial. Alrededor se sitúan las diferentes piezas de mobiliario y elementos decorativos.

El objetivo principal de Grant Amon, arquitecto que firma el proyecto, era equipar el espacio de la mejor manera posible con los accesorios correspondientes pero con el menor número de alteraciones en las áreas ya existentes del inmueble original, que eran la cocina, los servicios, una oficina y el almacén.

Oversize windows in the building front give views of the inside of the Salon Rouge, a basement suite that proves its polyvalence.

Las grandes aberturas practicadas en la fachada del edificio dejan a la vista desde el exterior parte del sótano que acoge este local multifuncional y polivalente.

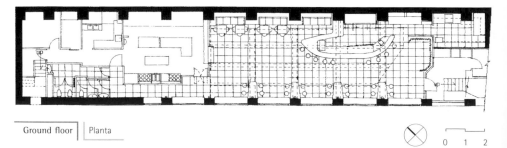

Ground floor | Planta

0 1 2

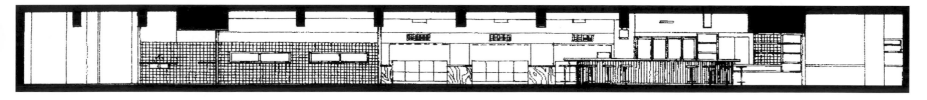

An attractive eclectic décor defines the interiors: to 70s Pop aesthetics, something reminiscent of typical 50s designs and, why not, a current avant-gardist touch.

Una decoración llamativa y ecléctica define los interiores del local: estética pop de los setenta, elementos con reminiscencias de diseños típicos de los cincuenta y una línea vanguardista y actual.

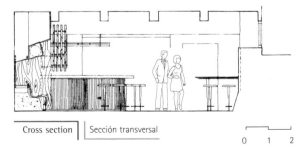

Cross section | Sección transversal

0   1   2

An eccentric palette: purples, reds, yellows. It all contributes to the vitalist atmosphere given off by the Salon Rouge, glamorous and fascinating.

Una excéntrica paleta cromática en la que se emplean morados, rojos y amarillos, acompañada de una acertada iluminación, generan esa atmósfera vitalista y fascinante que el Salon Rouge desprende.

BIGNET

René Chavanne

Architect Arquitecto: **René Chavanne**   Photographers Fotógrafos: **Maximilian Kiefhaber, Manfred Seidl & Bignet**   Location Localización: **Vienna, Austria/Viena**

Date of construction Fecha de construcción: **1999-2001**

Entering this cybercafé is a whole new experience. Anyone who crosses the threshold of this macrocenter will feels like they have gone into a modern spacecraft. The BIGNET chain counts on a series of establishments distributed through the city. This is BIGNET Enter. Price is the mother company, the first to be created, and it is situated in the center of Vienna in a spectacular building surrounded by a large number of stores and leisure establishment.

The 800 square meters that was once the headquarters of a store selling second-hand goods has been transformed at the hands of architect René Chavanne into a whole communications center for the twenty-first century.

Chavanne's particular design was created expressly to make it easy for customers to surf around the Internet. The big dimensions of the place allow the creation of different zones perfectly separated into three levels. Along with the Net connection zone, Bignet also offers several services for other World Wide Web activities. There is a cafeteria-bar area that serves all kinds of cold or hot drinks and snacks, a rendezvous zone, one to phone from at reduced prices, a place to receive faxes, and a place just to chill.

A large staircase with Futurist airs in the center of the ground floor and accessible from the street is the main organizing element. From here, you can get to an upper level with a more intimate zone and a cafeteria, or else go down a floor into a large spread-out space with more computers.

Ergomomic furnishings, colors ruled by metallic tones, a Futurist-outer space ambience to contact "new worlds" and daring architectural and design solutions define one of Vienna's most suggestive fashion cafés. In contrast with other Internet cafés, the furniture here is set up in groups to provide users with face-to-face contact. Visual or verbal communication, the arrangement is designed to do away with the idea of individualization the Net of nets is always being accused of. Up client communication!

Entrar en este cibercafé supone toda una experiencia. El que traspasa el umbral de este macrocentro se siente como si penetrase en una moderna nave espacial. La cadena BIGNET cuenta con una serie de establecimientos repartidos por la ciudad. Este, el BIGNET Enter.Price, es el local madre, el primero que se creó y está situado en el centro de Viena, en un espectacular edificio y rodeado de un gran número de locales comerciales y de ocio.

Los 800 m² que antaño fueran la sede de una tienda en la que se vendían productos de segunda mano se han transformado de la mano del arquitector René Chavanne en toda una central de comunicación para el siglo XXI.

Su particular diseño se ha creado expresamente para facilitar al usuario navegar por internet. Las generosas dimensiones del local han permitido que se puedan generar diferentes zonas perfectamente separadas en tres niveles. El establecimiento dispone, además del área de conexión para navegar por internet y desarrollar tareas multimedia, con una zona de café bar donde se sirven toda la clase de bebidas frías o calientes y tentempiés, una zona de encuentro, una de teléfonos para hacer llamadas a precios reducidos o recibir faxes y un *chill out* (zona de relajación). Una gran escalera de aires futuristas situada en el centro de la planta baja, a la que se accede desde la calle, organiza el espacio. Desde este punto se accede, por un lado, al nivel superior, donde se encuentra una zona más íntima destinada a también a *chill out* y cafetería, y por el otro, a un nivel inferior en el que hay una gran sala diáfana con más ordenadores.

Mobiliario ergonómico, una paleta cromática en la que reinan los tonos metálicos, una atmósfera futurista y espacial que facilita el contacto con "nuevos mundos" y unas soluciones decorativas y arquitectónicas atrevidas y acertadas definen uno de los locales más sugerentes de Viena. A diferencia de otros cibercafés, los muebles se han colocado en grupo para que los usuarios puedan estar cara a cara y mantener contacto visual o verbal; con esto se intenta desterrar la idea de individualización que siempre se ha planeado sobre la red de redes y que exista comunicación entre los clientes.

Elevation | Alzado

0   2   4

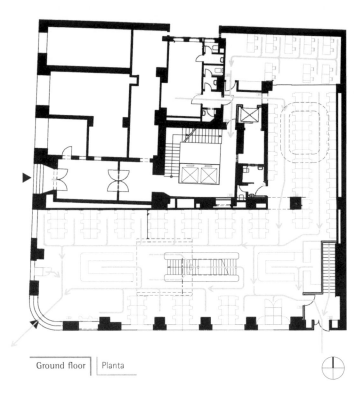

Ground floor | Planta

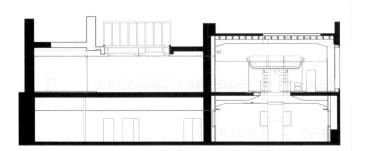

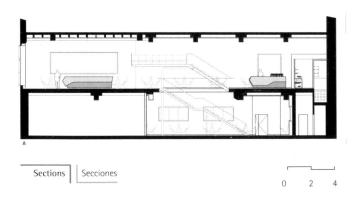

Sections | Secciones

0   2   4

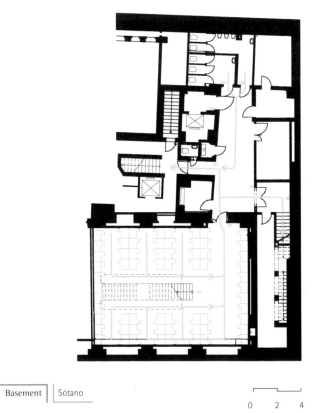

Basement | Sótano

0   2   4

198

The glass façade of the BIGNET Enter.Price building is big. The image is one of transparency and opening forth, repeated inside and the key motif in the café.

La enorme fachada acristalada del inmueble que alberga el BIGNET Enter.Price ofrece una imagen de transparencia que se mantiene una vez en el interior y que anima a entrar en el local.

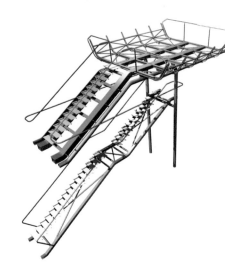

The Futurist appearance of the establishment is achieved through the use of the materials, textures, and colors. In spite of provoking a coldness, the whole breathes great warmth and is in fact just that: warm.

La apariencia futurista y de nave espacial del local se consigue con los materiales, texturas y colores empleados. A pesar de que pueden provocar una imagen de frialdad, no impiden que el conjunto respire una gran calidez y resulte extremadamente cálido.

The furniture, designed exclusively for the bar, needed to be ergonomic and functional. Thus, chairs were created incorporating the computer monitor on a moving arm to allow freedom of movement to the user and more comfortable work sessions.

El mobiliario diseñado especialmente para el local debía ser ergonómico y funcional. Por ese motivo se crearon sillones en los que se incorpora el monitor sobre un brazo móvil que facilita la libertad de movimientos del usuario y le permite trabajar cómodamente.

Both the counter where food is served and the check-out at the door keep to the pragmantic-Futurist aesthetic reflected in the other decorative elements.

Tanto el mostrador en el que se ofrece el servicio de restauración como el que funciona como recepción –situado en la entrada– mantienen la estética futurista y pragmática del resto de los elementos decorativos.

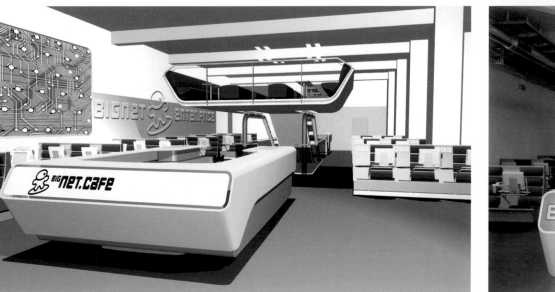

The chairs, grouped in parallel, are face-to-face to allow interaction among users. The solution also organizes the space-time neatly.

Los asientos, agrupados en paralelo, se han situado encarados para permitir que exista interacción entre los usuarios y puedan comunicarse. Asimismo, esta solución logra organizar de manera ordenada el espacio.

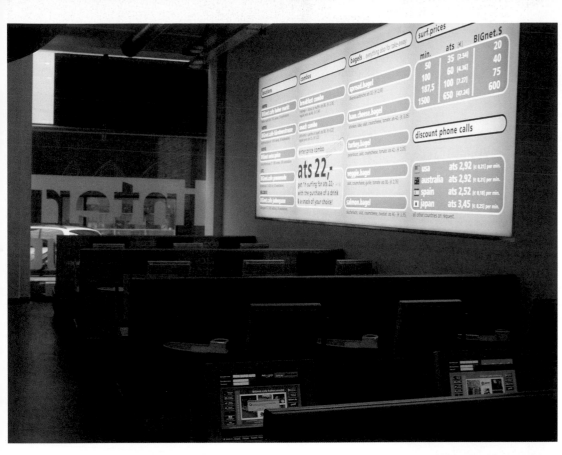

BIGNET KAERNTSTRASSE

Other outlets of the cybercafé chain hold to the same corporate aesthetic and design as the original Bignet. Just like its predecessor, this one has come off the drawing board in the guise of a large spaceship, although in this case the particular features of the café have meant designing somewhat differently.

Los otros locales de la cadena de cibercafés utilizan la estética y el diseño corporativo del establecimiento original. Al igual que su antecesor, este se ha proyectado como si de una gran nave espacial se tratase, aunque en este caso las particularidades propias del local han obligado a diseñarlo de manera diferente.

The locale, which has left no minor detail unattended to, has been designed to offer the maximum in comfort and functions to be sure to cover the needs of all its users. It thus efficiently meets a demand that is becoming increasingly frequent: the call for new technologies.

El local, que no descuida ni los detalles más mínimos, se ha proyectado para ofrecer la máxima comodidad y prestaciones, cubrir las necesidades de todos sus usuarios y hacer frente, de una manera eficaz, a una demanda cada vez más frecuente: la de las nuevas tecnologías.

Logotype/Logotipos

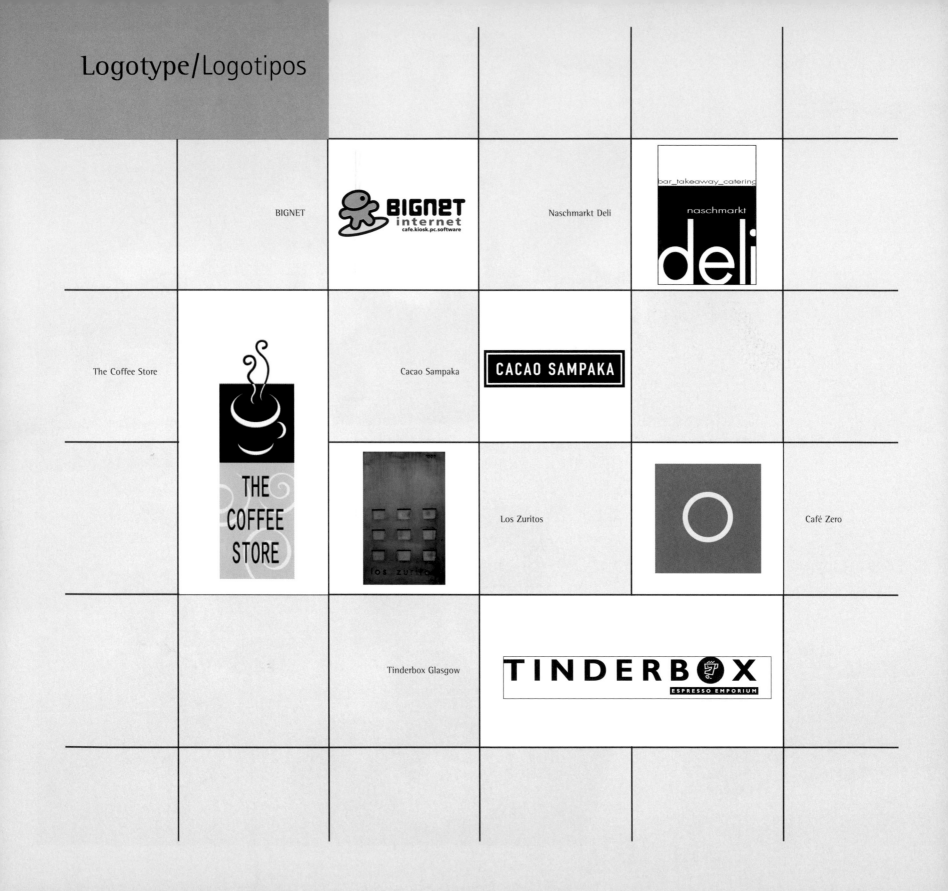

BIGNET

Naschmarkt Deli

The Coffee Store

Cacao Sampaka

Los Zuritos

Café Zero

Tinderbox Glasgow

Logotype/Logotipos

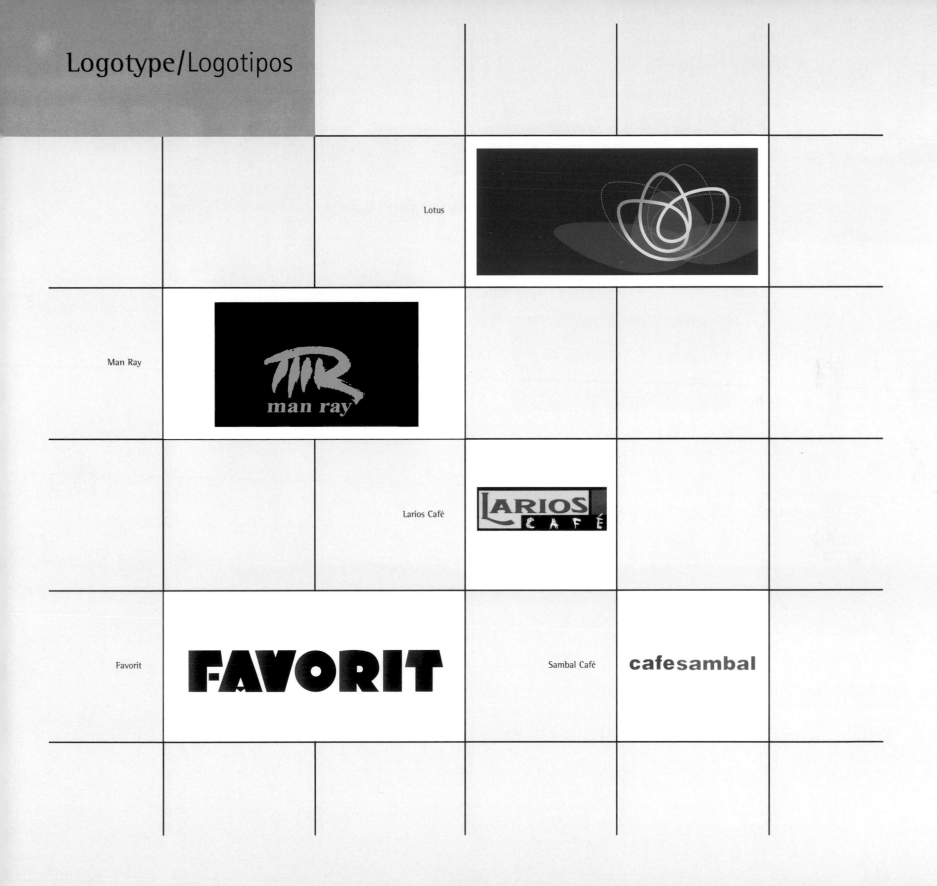

Lotus

Man Ray

Larios Café

Favorit

Sambal Café

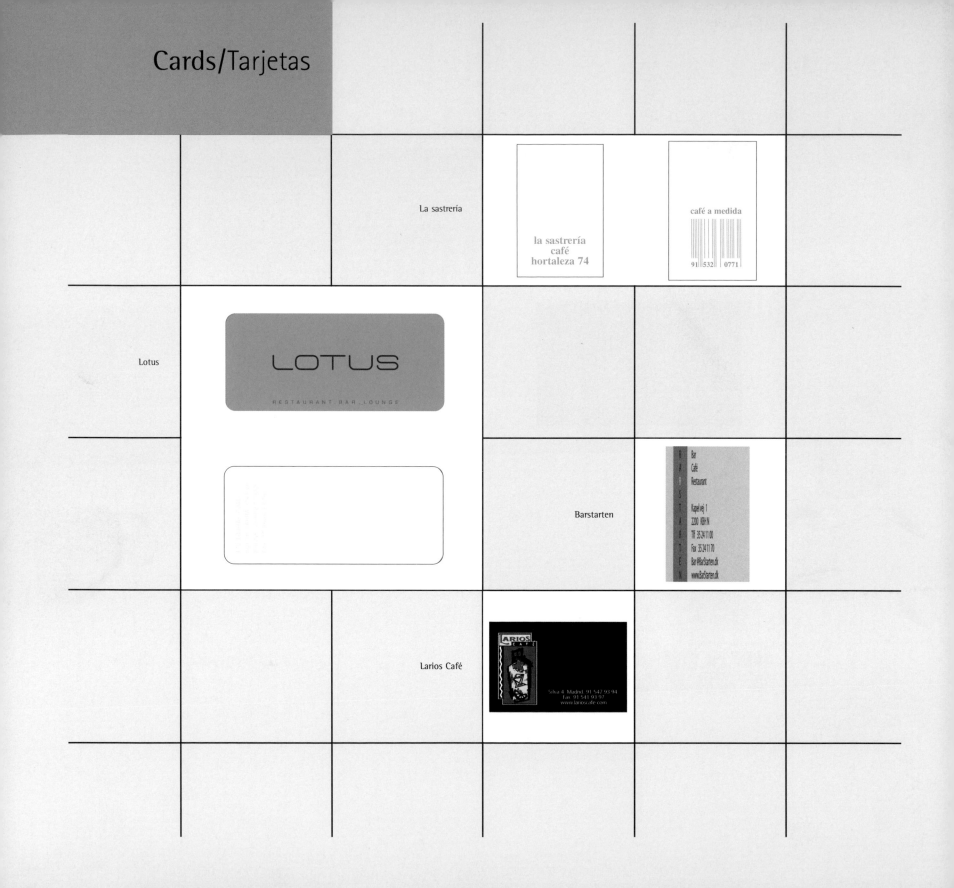

La sastrería

la sastrería
café
hortaleza 74

café a medida

91 532 0771

Lotus

LOTUS
RESTAURANT BAR LOUNGE

Barstarten

B Bar
A Café
R Restaurant
S
T Kapelvej 1
A 2200 KBH N
R Tlf 35 24 11 00
T Fax 35 24 11 70
E Bar@BarStarten.dk
N www.BarStarten.dk

Larios Café

LARIOS
CAFE

Silva 4 Madrid 91 547 93 94
Fax 91 541 93 97
www.larioscafé.com

Packages/Envoltorios

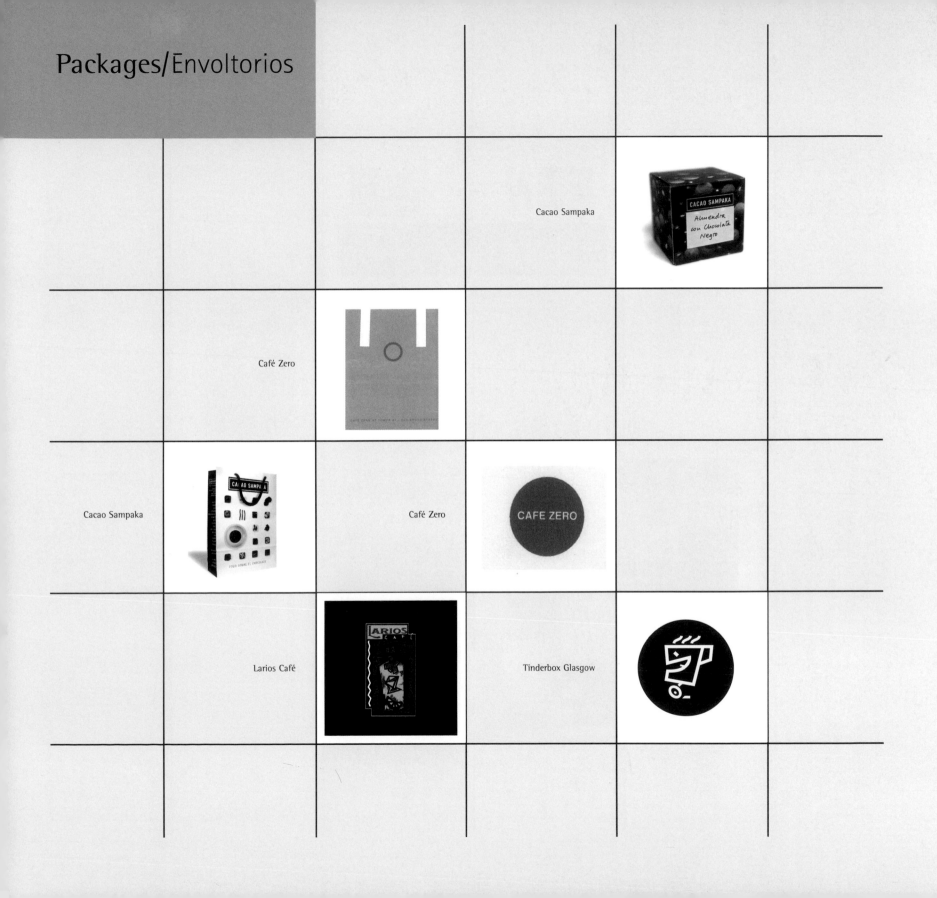

Cacao Sampaka

Café Zero

Cacao Sampaka

Café Zero

Larios Café

Tinderbox Glasgow

Corporative image/
Imagen corporativa

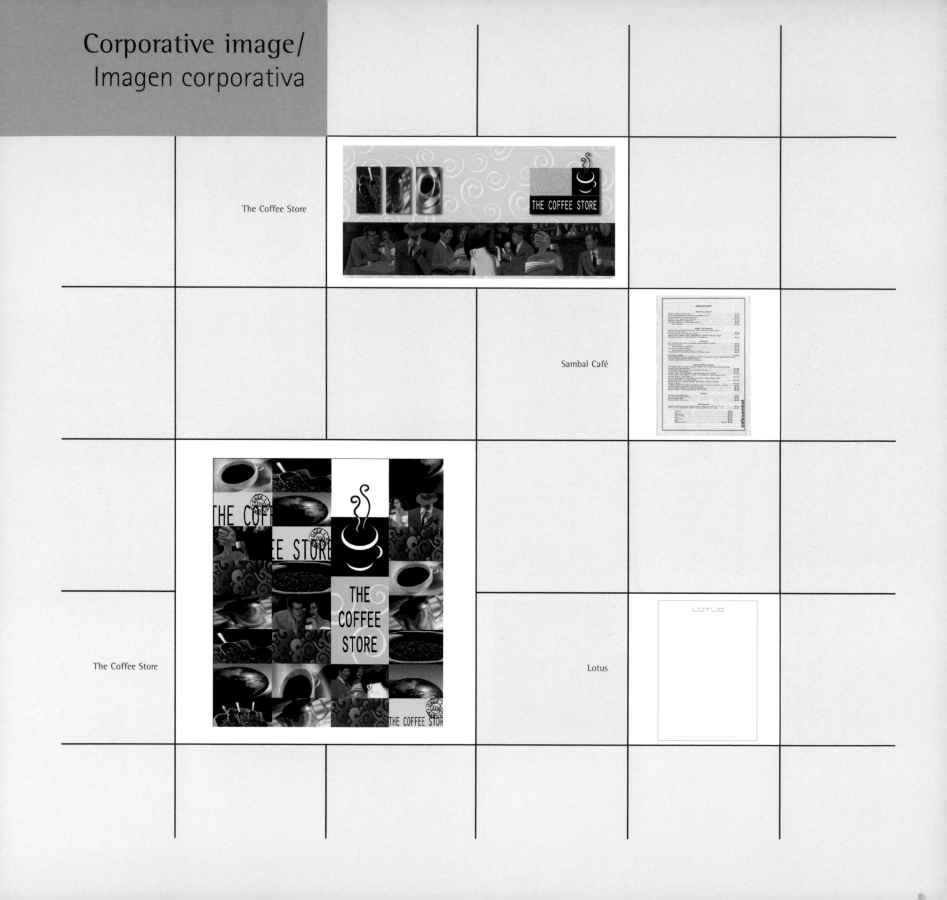

The Coffee Store

Sambal Café

The Coffee Store

Lotus

Corporative image/
Imagen corporativa

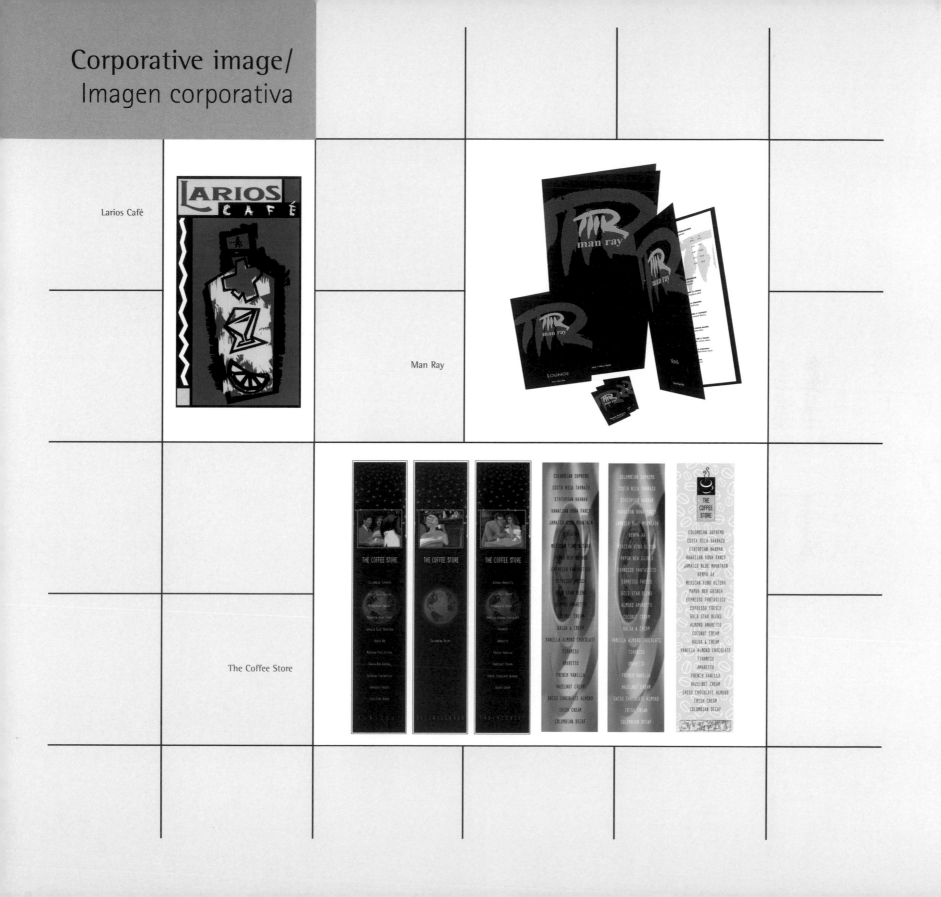

Larios Café

Man Ray

The Coffee Store

Bars/Barras

BIGNET

Schwarzenbach

Sitio

Sambal Café

Barstarten

Dennstedt

Pelican

The Coffee Store

Salon Rouge

Stools/Taburetes

Café Zero

Balanz Café

Man Ray

Marlin

Lotus

Cacao Sampaka

Dennstedt

Barstarten

Larios Café

Salon Rouge

Other titles by Kliczkowski Publishers/Otros títulos de la editorial Kliczkowski Publishers

Fundición, 15 Polígono Industrial Santa Ana Rivas-Vaciamadrid 28529 Madrid Tel. 34 916 665 001 Fax 34 913 012 683 asppan@asppan.com www.onlybook.com

The Best of Lofts
ISBN: (E/GB) 95-09575-84-4

The Best of Bars & Restaurants
ISBN: (E/GB) 95-09575-86-0

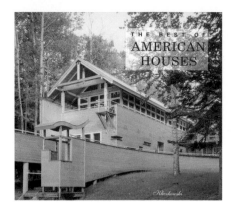

The Best of American Houses
ISBN: (E/GB) 98-79778-17-0

Interiores minimalistas/Minimalist Interiors
ISBN: (E/GB) 98-79778-16-6

Lofts minimalistas/Minimalist lofts
ISBN: (E/GB) 84-89439-55-9

Estancias Argentinas
ISBN: (E) 98-79778-19-7

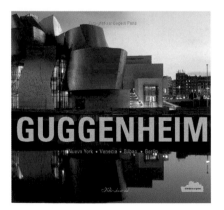

Guggenheim
ISBN: (E)   84-89439-52-4
ISBN: (GB) 84-89439-53-2
ISBN: (D)   84-89439-54-0
ISBN: (P)   84-89439-63-X

Hotels. Designer & Design
Hoteles. Arquitectura y Diseño
ISBN (E/GB): 84-89439-61-3

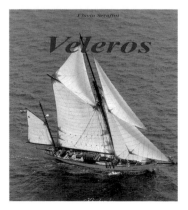

Veleros de época
ISBN (E): 987-9474-06-6

214

Álvaro Siza
ISBN: (E) 84-89439-70-2
ISBN: (P) 972-576-220-7

Autos de Cuba
ISBN: (E) 84-89439-62-1

Andrea Mantegna
ISBN: (E) 987-9474-10-4

Claude Monet
ISBN: (E) 987-9474-03-1

Rembrandt
ISBN: (E) 987-9474-09-0

Francisco Goya
ISBN: (E) 987-9474-11-2

Los encantos de Barcelona/
Barcelona Style
ISBN: (E)   84-89439-56-7
ISBN: (GB) 84-89439-57-5

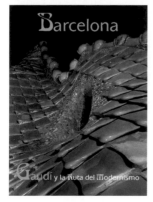

Barcelona, Gaudí y la ruta del Modernismo/
Barcelona, Gaudí and Modernism
ISBN: (E)   84-89439-50-8
ISBN: (GB) 84-89439-51-6
ISBN: (D)   84-89439-58-3
ISBN: (IT)   84-89439-59-1
ISBN: (JP)   84-89439-60-5

Barcelona y Gaudí. Ejemplos
modernistas/Barcelona and Gaudí.
Examples of Modernist architecture
ISBN: (E)   84-89439-64-8
ISBN: (GB) 84-89439-65-6

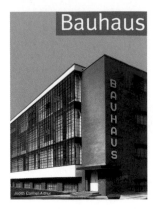

Bauhaus
ISBN: (E) 98-79778-14-2

Antoni Gaudí
ISBN: (E) 98-75130-09-5

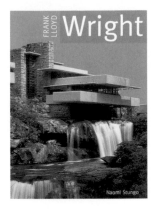

Frank Lloyd Wright
ISBN: (E) 98-79778-11-1

Le Corbusier
ISBN: (E) 98-79778-13-8

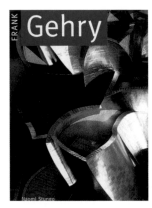

Frank Gehry
ISBN: (E) 85868-879-5

La vida y obras de Antoni Gaudí
ISBN: (E) 950-9575-78-X

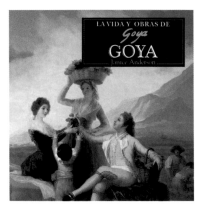

La vida y obras de Goya
ISBN: (E) 950-9575-79-8

Pubs
ISBN: (E) 84-89439-68-0

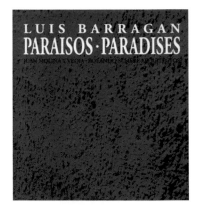

Luis Barragán
ISBN: (E/GB) 987-9474-02-3